MINOR FEELINGS
An Asian American Reckoning

Cathy Park Hong

マイナーな感情
アジア系アメリカ人のアイデンティティ

キャシー・パーク・ホン 著
池田年穂 訳

慶應義塾大学出版会

目次

1 団結して

私の鬱は、想像上のチックから始まった。

私は一時間も鏡をじっと見つめながら、自分の瞼が震えたり口角がうずいてくるのを待っていた。

「私のチックを見た?」私は夫に訊ねる。

「いいや」

「いま、私のチックを見た?」

「いいや」

「いまの私のチックを見たでしょ?」

「見てないよ!」

二〇代前半に遡れば、実際に私は右瞼にチック症状を抱えていた。そのせいで顔の右側の筋肉が収縮してポパイみたいに右目を細めているように見えた。それは片側顔面痙攣と呼ばれる珍しい神経筋の症状で、耳の後ろの頭蓋の中にある二本の神経が絡まったせいで発症する。二〇〇四年、私が二六歳のときに、ピッツバーグの医師が小さなスポンジを挿入して絡まりあう神経をもとに戻してくれたおかげで、顔面のチックは解消した。

　それから七年経って、私は顔面の麻痺が甦ったのを自覚した。おそらくスポンジが外れて神経がふたたび絡まりあってしまったのだろう。私の顔はもう私の顔ではなかった。いつ反乱を起こすかわからない震える神経の走るマスクだった。身体の構造に欠陥があった。いつなんどきに一本の神経がおかしくなり、蛇行するホースが水を吹き出すように痙攣が起きるかもしれなかった。顔のことを考えすぎたせいで、神経を感じとることさえできたし、私の神経は危うい感じがした。顔は私たちの体の中で最もむき出しになっている部分だが、そこが何らかのかたちで傷つけられないかぎり私たちはそのことを理解しない。傷ついて初めて、顔がむき出しの状態にあるとまざまざと思い知らされるのだ。

　自意識から来る習慣が戻ってきた。人前で顔を隠そうとして、私はさまざまに手の込んだ小細工を生み出した。いつも意気消沈しているように手を頬にあてがったり、天候についての質問なのに熟慮しているふりでそっぽを向いたり——そうしているあいだも、いつなんどきチックを引き起こす神経のせいで顔が歪むのではないかとそればかり考えていた。

　チックは起きなかった。

　反乱を企てていたのは私の心だった。私は偏執狂的になり、強迫観念を抱くようにさえなっていた。誰かが私の頭をぐいと回して外し、神経過敏でない頭に取り換えて欲しいとさえ願った。

「ネガティヴ思考だな」。夫は私の考え方をそう呼んだ。

　私は、眠るためにまずウィスキーを飲み、次に睡眠導入剤のアンビエンを入れたウィスキーを、その次にはアンビエンとザナックスと大麻を混ぜたウィスキーを飲んだが、どれも効果がなかった。眠れないと考えることができなくなった。考えることができないと、書くことも、人と交流し会話することもできなくなった。私は子どもに戻ってしまった。英語を話すことのできない子どもに。

当時の私は、ロウワー・ブロードウェイの人目をひかないコリドーに面した家賃規制されたしゃれたロフトに住んでいた。そのコリドーはジーンズの小売り店が並んでいるので知られていたが、そうした店ではラジオ局Hot97のヒット曲をがんがん流していた。とうとう私は、自分が望んでいたニューヨーク・ライフを手に入れたのだ。結婚したばかりで、すでに一冊の本を書き終えていた私には鬱に陥る理由など何一つなかった。けれど、幸せだと感じたあとは、いつも、恐ろしい破局《カタストロフ》があとで待っているのではないかという恐怖を覚え、その襲撃をかわそうとしてひどい気分になった。こうした心配からくる重圧のせいで、私はひどい鬱に陥ってしまった。ある友人が、鬱になったときは「木から落ちたナマケモノ」のように感じる、と言っていた。とても的確な表現だ。私は外に出て人びとと話しあう必要が生じるまで、だるく、消耗した気分でいたが、いざそれが済んだあとではこき下ろされているように感じた。

私は鬱の治療のためにセラピストに会うことに決め、自分のことをあまり説明しないですむよう、韓国系アメリカ人のセラピストを選んだ。私に会えば、一目瞭然で、彼女には私の出自がわかるだろう。私はエトナ社のメンタルヘルス部門のデータベースに載っている数百人の中から、韓国系の苗字を持ったたった一人を見つけだした。私が電話でメッセージを伝えると、彼女が折り返し電話をくれたので診察を予約した。

狭くて薄暗い彼女の待合室には、オランダカイウの花が入った大きなバスケットを抱えて膝まずく女性を描いた、ディエゴ・リベラの額入りポスターが飾られていた。部屋全体が、リベラ風の精神を落ち着かせる色調で統一されていた。ガマの穂を入れた茶色の花瓶、キャラメル色の革製の肘掛け椅子、死んだサンゴのような色をした絨毯。

セラピストがドアを開けた。最初に私の注意を惹いたのは彼女の顔のサイズだった。セラピストは巨大な顔をしていた。私は、これは彼女の頭痛の種なのではないか、とつい心配してしまった。というのも、韓国人女性は顔のサイズをとても気にするため、顎の骨を削る手術を受けることもいとわないほどだからだ（良く耳にする韓国のお世辞に「あなたの顔はとても小さくて、拳くらいの大きさしかありませんね」というのがある）。

私は彼女のオフィスに入りカウチに腰かけた。彼女は最初に、診察に要する基本的な質問から始めます、と言った。彼女が聞いてきた質問はたしかに次のような基本的なものばかりだった。頭の中で声が聞こえますか？　自殺願望がありますか？　私はこうした質問が基本的だったことにほっとした。私の鬱は実際に私だけのものではなく、典型的な状態であることを確信させてくれたからだ。彼女の質問に私は意気消沈した態度で答え続けた。私がここにいる必要があることを彼女と私自身にわからせるために、意気消沈した様子を大げさに装ったかもしれない。だが彼女が「子ども時代に、あなたがほっと安心できたときはありましたか？」と聞いてきて、記憶を探ってもそのような時間を思い出せなかったときには、思わず泣き始めてしまった。私はすべての始まりとなった事柄を彼女に語った。自分の鬱、家族の歴史といったすべてを。診療が終わったときには、心がとても浄化されたように感じ、彼女の診療をまた受けたい、と申し出た。

「エトナからの患者をもっと診療するかどうかは決めていません」。セラピストは曖昧な言い方をした。「すぐに連絡しますから」。

翌日、私はふたたび診療の予約をしようと、思いきって彼女のオフィスに電話してみた。二四時間経っても彼女から折り返しの連絡がなかったので、二度にわたって新しいメッセージを残した。その次の日、彼女は音声メッセージで、もうエトナ保険の患者は担当しないことにしたので私を診察できない、と言ってきた。私はすぐに電話をかけ、エトナ社は私が自己負担で払った分の八割を払い戻してくれるはずだ、という音声メッセージを残した。けれど彼女は返事をくれなかった。その後の一週間、私は四件の音声メッセージを彼女に送った。回を重ねるほど内容は必死な調子を帯びたし、この問題について話したいのであなたの携帯電話の番号を教えてください、と懇願していた。そのあと、私は手あたり次第に彼女に電話しては、留守番電話になっているので切る……それを繰り返した。診療の合間の彼女を捕まえたかったからだ。こうした行為を一日に六回ほど繰り返したが、そのうち彼女は発信者通知番号サービスを使っているのではないかと気づき、あまりの恥ずかしさにベッドに潜り込んでその日はそこから出なかった。ようやく、彼女はもう一つの簡潔なメッセージを送ってきた。「保険金の払い戻しを受けるためにあなたはたくさんの事務処理をする必要がありますよ」。私は急いで電話をかけなおすと、留守電に向かって怒鳴った。「書類書きはできます！」

　彼女がかけなおしてくるのを待つあいだ、私はララミーにあるワイオミング大学で朗読会に出席しなければならなかった。この時点で鬱はさらにひどくなっていた。自分の顔を切り裂きたいとまで思いつめているとき、どうにか飛行機に乗ることができたのは奇跡だった。予想どおり朗読会はうまくいかなかった。そう、聴衆に向かって私の詩を朗読するというのは、自らの限界に目覚めることだ。私は聴衆が抱く詩人という概念と、感銘を与えない詩人である私とのあいだの食い違いに向かいあわねばならない。私はそれらしく見えないのだ。アジア人には存在感がない。アジア人はいつも弁解がましい態度をとる。真のマイノリティと見なされるために必要な存在感すら持っていない。何かの象徴となるほど人種的でもない。あまりにもポストレイシャルでまるでシリコンのようだ。私は楽器のカズーのような弱々しい声で詩を朗読した。朗読が済むと、聴衆はどっと出口へと急いだ。

デンバー空港でニューヨークへのフライトの乗り継ぎがあり、待ち合わせ時間に、自分の携帯にセラピストの番号が表示されているのに気づいた。「ユーニス！」私は携帯に向かって叫んだ（ちなみにユーニス・チョウは仮名だ）。「ユーニス！」彼女をファーストネームで呼ぶのは失礼だから、ドクター・チョーと呼ぶべきだっただろうか？　私は次回の診療はいつになるか聞いたが、彼女の声は冷たかった。「キャシー、あなたの熱意には感謝しますが、別のセラピストを探すことをお勧めします」。

「書類も書きます！　事務処理は得意なんです」

「私はあなたのセラピストにはなれません」

「どうして？」

「私たちはお互いにとって良くないからです」

私はショックを受けた。肌の毛穴のすべてが、傷ついたと叫んでいるようだった。セラピストがこんな風に患者を拒否できるとは思いもしなかったのだ。

「理由を教えてもらえますか？」私は弱々しく聞いてみた。

「申し訳ありませんが、それはできません」

「理由は教えてもらえないんですか？」

「そうです」

「なぜですか？」

「そうした情報を提供することは許されていませんので」

「本気でそう言っているんですか？」

「そのとおりです」

「私が音声メッセージをたくさん残したせい？」

「違います」。彼女は答えた。

「誰か私の知人を診察するんですか？」

「私が知るかぎりでは、そんなことはありません」

「じゃあ、私があなたにとって最悪な人間だから？」

「もちろんそんなことはありません」

「理由を教えてくれないと、私は自分が最悪な人間だと思ってしまいます。あなたは私にこう感じさせているんですよ。心を開いて自分の感情を打ちあけなければ良かった、なぜなら私の抱えている問題で誰をも怖じ気づかせるから。それじゃ、セラピストが目指すものとは正反対じゃありませんか？」

「お気持ちはお察しします」。彼女はそっけなく言った。

「この電話のあとで私が何か決定的なことをしでかしたら、すべてあなたのせいですからね」

「鬱があなたにそう言わせているんですよ」

「そうじゃなくて、私自身の言葉ですよ」と私は言った。

「患者さんをお待たせしていますので」。彼女は答えた。

「その方も最悪な気分にさせないでくださいね」と私は言った。

「さようなら」

記憶にあるかぎり、私は自分の存在を証明しようともがいてきた。現代の代書人たる私は、人の五倍も懸命に働き、それでも自分の手、続いて腕が溶けてしまうのを見ていた。しばしば夜にびくっとして飛び起き、自分を叱りつけ、鋭い刃物のような夜明けの光が目を刺すまで眠れないでいた。私の自信は、一生涯にわたって条件付きの愛情しか与えられないことや、私など綿くずのように取り換えの効く存在だと考えている社会のせいで細っていった。

一般大衆の想像力のなかで、アジア系アメリカ人はいわば煉獄のようなところに位置している。肌の色は白でもなければ黒でもない。アフリカ系アメリカ人からは不信の目で見られるし、黒人を押さえつけておくために白人に利用されるのでもなければ、白人からは無視される。私たちはサービス業界の働きアリ、実業界の党官僚《アパラチック》だ。私たちは計算の得意な中間管理職で、企業の歯車が円滑に動くよう尽力するが、指導者にふさわしい「顔」をしていないので昇進の機会は与えられない。私たちにはコンテンツの問題がある。白人たちは、私たちには潜在能力がない、と考えている。だが、無感覚に見えても、私は必死に水の中で足を動かし、ひどい劣等感を隠そうと過剰補償《オーバーコンペンセーション》をしているのだ。

自己嫌悪に陥ったユダヤ人やアフリカ系アメリカ人を扱った文学はやまほどある。だが自己嫌悪を覚えるアジア系アメリカ人については多くは語られていない。人種上の自己嫌悪というのは、白人が見る目で自分を見ることを意味するが、そうすることで、あなたは自分の最悪の敵になる。唯一の防御法は自分自身に厳しくあることだが、それはやがて強迫観念となり――よって心地よくもなるのだが――死に至るまで自分を責めることになる。あなたは自分の容姿もしゃべり方も好きになれない。アジア系の自分の顔がはっきりしていないと思い、神があなたの容姿を作り始めたのに途中で放り出したみたいだ、と感じてしまう。あなたは、部屋の中にアジア人がたくさんいるのが気にくわない。このアジア人たちを入れたのは誰なの？　あなたは心の中で怒鳴りまくる。団結というわけにはゆかない。あなた自身の境界がもはやはっきりせずアジア人という大群の中にしっかりと組み込まれてしまうので、まわりのアジア人より自分は見劣りすると感じてしまう。

自己嫌悪を抱くアジア人は私たちの世代で終わると思いたいが、これは私がどこに住んでいるかにもよるだろう。私が教鞭をとっていたサラ・ローレンス大学には猛烈な女子学生たちがいた。強靭で自信に満ち、政治に関与することも多くて聡明だった。ありがたい、彼女たちこそ私たちが必要とするアジア人2・0、おたけびをあげるアジア人女性だ、と私は思ったものだ。それから別の大学のあるクラスを訪ねたところ、そこのアジア人女子学生たちは口を開かず、綺麗な髪型をしてネズミのように従順に座っているだけだったから、それを見た私は思わずこう言いたくなった。口を開かなくちゃだめ！　でなければ、踏みにじられてしまうのよ！

二〇〇二年、私はアイオワ州立大学のライターズ・ワークショップに院生として在籍していた。友人と私は、ペディキュアをしてもらおうとコーラル・リッジ・モールまで出かけ、ベトナム人が家族経営している店を見つけた。オーナーのベトナム人は、何でも二度繰り返して言う移民らしい早口のしゃべり方をした。「ペディキュア、ペディキュア？　座って、座って」。私は彼の娘か妻が相手してくれるのを待ったが、彼女らには先客があり、残ったのは彼の息子だった。一四歳くらいに見え、大きすぎる黒のパーカーを身に着け、カーゴパンツを履いていた。彼はカウンターの後ろで両手をポケットに入れたまま顔をしかめていた。どう見ても訓練されたネイリストには見えず、家庭用ゲーム機のエックスボックスでゲームのヘイローをプレイしていそうだった。最初に声をかけたときに反応がなかったので、父親が彼をひっぱたき、急いでたらいに湯を入れるように命じた。

　少年は私が座っている場所まで歩いてきた。そしてかさぶたのある両膝が耳のところまで来るくらい深くしゃがみこんだ。私は彼に、足の爪を四角ではなく、丸く切って欲しいと頼んだ。彼はたらいを湯で満たし始めた。それに足を入れた私は叫んだ。「熱すぎるわ！」　彼はゆっくり温度を調節した。私は彼が私の足の爪を、丸くではなく四角く切っていること、そして私の目を見ようとしないのに気づいた。彼がこちらを見たとき、その視線に敵意がちらつくのを感じた。学校が終わったあとの時間をずっと、アイオワ州のサッカーママたちのふくらはぎをマッサージして過ごすことに傷ついているのだろうか？　それとも、彼と外見がほとんど変わらない人間、彼と同じアジア人で若い女の世話をするのを嫌っているのだろうか？　その当時、二四歳だったが一七歳でも通るくらい若く見えた私は、雑に切り揃えた短い髪型のせいで少年みたいだった。それでも、と私は思った。私はあんたよりずっと年上だし、あんたはここに来るブロンドのサッカーママたちにそうするように私のことも敬うべきなのよ。それから彼は足用の爪切りを私の足の親指に強く食い込ませたので、私は思わずたじろいだ。「もっと優しくやってくれない？」　私は辛らつな声で言った。彼はぼそぼそと謝罪したが、ニッパーをますます強く私の爪先に食い込ませた。

「もっと優しくやってくれない？」

彼は私の足の爪の甘皮を引き裂いた。

「ちょっと！」

彼はニッパーをさらに食い込ませた。

「言ったでしょう……」。また甘皮がむしり取られた。

「もっと優しくって……」

ニッパーがまた食い込んだ。

「痛いわよ！」

サービスの流れ作業で有能であるためには、相手がその存在を意識しないくらいでなければならないが、この少年にはそれができなかった。私は、彼の肉体的な存在感が私をリラックスさせてくれなかったことへの苛立ちを正当化するために、苦痛という幻覚をつくりあげているのかもしれない。哀願するような姿勢でかがみこんだ彼は実にぶざまで、振動するマッサージチェアに座っている私までぶざまな気持ちにさせられた。これは不公平だった。

彼はまたしてもニッパーを爪先に深く食い込ませ、私はふたたび叫んだ。彼の父親がベトナム語で叱責し、彼の手ひどいサービスはほんの少しだけ改善された。だが、もうこれ以上はご免だった。私は二本の脚を汚れた石鹼水に漬けたまま立ち上がり、料金は払いません、と言った。私の行為に驚いた友人がこちらを見つめていた。私は、あとで父親が給料を払わないで息子を罰すればよい、とさえ思った。だが、彼は給料などもらっていなかったかもしれない。

私たち二人は、お互いに反発しあうマイナスイオンに似ていた。彼が私を手荒く扱ったのは、彼が自分自身を嫌っていたせいで、私は自分が嫌だったから彼にひどい仕打ちをしたのかもしれない。でも彼が自分を嫌っていた、という証拠がどこにあるのだろう？　なぜ私は、彼が抱いていた恥の想いがサロンをめちゃくちゃにしてしまった、と思ったのだろう？　私は、偏執狂の域に達するくらい用心深いし、自分の不安をすべて彼に転嫁しているのだから、信頼できない語り手なのだろう。私は実際に痛みを感じていたのか、それともその痛みは想像からか、それさえ思い出せない。なぜって、私はこの記憶を何度も何度も書き直したので、もはや姿をちゃんと留めていないのだ。その少年のことは削除しようとしたので、結局その少年のことは漠たる怒りとして記憶されているし、一方、私のことは漠たる怒りの権利として記憶に残っている――あげくは二人とも私の中ではもはやクリアでないのだ。いやいや、彼は少しも私に似ていなかった。私は恵まれていて、想像しうるかぎり最も実用的でない修士号を取得しようとしていた。いったい、自由になる時間のすべてをネイルサロンで働かなきゃいけないベトナム人のティーンエイジャーについて私は何かわかっていたのだろうか？　何ひとつわかっちゃいなかった。

ソウルの近郊で成長した父は、少年時代には赤貧洗うがごとしだった。戦後は誰もが貧しかった。祖父はコメから作る醸造酒を密造していたが、一〇人の子どもを養うことができなかったので、父は貧しい食事を補うためにスズメを捕まえて砂場で燻していた。父は賢く、進取の気性に富んでいた。一〇歳のときに全国のエッセイコンテストで優勝し、懸命に勉強した結果、韓国で二番目の大学に入学を許可された。卒業するには九年もかかったが、それは韓国の国民皆兵制度のせいであり、いつもお金が不足していたせいだった。

一九六五年改正移民法で、アメリカ合衆国が移民規制を外したので、父はそこにチャンスを見て取った。一九六五年に遡ると、アジアからアメリカへのビザを取得できるのは、医師、エンジニア、整備工といったよりぬきの専門職についている人間だけだったのだ。ところで、この選抜方法は、どのようにモデルマイノリティに関するいかさまが始まったかの良い見本である。アメリカ政府は、最も学歴が高く、十分な訓練を受けた者たちだけを移民として受け入れ、彼らの成功をすべてアメリカのおかげだとした。ご覧なさい！　誰もがアメリカの夢を追うことができるのです！　アメリカに来たときにはすでに医師であった人間について、彼らはこう語ってやまないのだ。

父は嘘をついた。彼は自分が整備工としての訓練を受けている、と履歴書に書いた。若い私の母とともにエリー湖に面したペンシルバニア州エリー市のやや内陸の方に送られ、そこでライダー・トラック社の整備工助手として働いた。訓練を受けていないにもかかわらずうまく仕事をこなしたが、エアグラインダーの砥石が砕けて飛んで足にひどい傷を負ったため、半年間もギブスをつけて過ごさなければならなかった。ライダー社は労災補償を支払う代わりに彼を解雇した。彼がそれについて為すすべがないことを知っていたからだ。

その後、家族はロサンゼルスに移り住み、父はコリアタウンで生命保険の営業マンになった。一日一〇時間以上働き、とうとうマネージャーに昇進した。だが長いこと営業マンの仕事を続けたことは父に良くない影響を与えた。どれだけ懸命に働こうと十分な蓄えができなかった。こうした年月《としつき》、父は大酒を飲んで母と諍《いさか》い、母は父へ向けるべき怒りから私と妹を殴った。父はその後銀行ローンを借りて、ロスの荒れ果てた工業地帯にドライクリーニング用の支給品を配達する倉庫を購入した。このビジネスで成功したおかげで、父は私の私立高校とカレッジの学費を払うことができた。

父は、理論上はいわゆるモデル移民だった。父に会った人びとはその静かなカリスマ性や親切さを見て紳士と呼んだが、それは種々雑多な人種や階級のアメリカ人に、生命保険の契約やドライクリーニング用の支給品を売りつける長い年月《としつき》のあいだに彼が培った人柄だった。だが、モデル移民の多くがそうするように、彼は怒りを露わにすることもあった。

人種的アイデンティティの問題はアジア系移民の子どもたちを苦しめることがある。だが移民である両親は、働くのに忙しすぎて気に留めないか、自らの祖国に自分を同一化できるためそれ以上は言いたいこともないとして、人種問題に動じることはない……そう見なされている。けれど、私の父がブルーカラーの白人の多いペンシルバニア州で整備工として、そしてロサンゼルスのサウスセントラルからブレントウッドに至る地域で保険の営業マンとして体験したことは、彼を人種的アイデンティティに異常に敏感にさせ、あらゆる問題が人種に基づくものだとまで考えるようにさせた。私たちがテーブルに着くのを待っているのに誰かが先に席に案内されたら、父はそれを自分たちがアジア人であるせいだ、と考えた。飛行機の後ろの方の座席に座らされたときは、自分がアジア人だからだ、と言った。オハイオ州オーバリンでの最初の週に両親が大学寮の私の部屋を訪ねてきたとき、父は私のルームメートの父親と握手をした。すると相手は、あなたはどこの出身ですか、と聞いてきた。父が韓国ですと答えると、ルームメートの父親が私は朝鮮戦争で戦いました、と熱心に語り始めた。

こわばった笑みを浮かべた父は、それに一言も答えなかった。

「ここには白人がたくさんいるな」。アイオワの大学院に私を訪ねてきた父は静かにそう言った。

「黒人はいったいどこにいるんだい？」　父は、私たちがウォルマートの駐車場に車を乗り入れ駐車できるスペースを探していたときに聞いてきた。

「いつもにこやかにして、ハローと言うんだぞ」と父は言った。「ここでは礼儀正しくしなければだめだ」。

父はウォルマートのレジ係にこう伝えた。「私の娘はアイオワ・ライターズ・ワークショップに属する詩人なんですよ」。

「ほんとに？」レジ係は答えた。

「ここでは規則に反するUターンをしちゃいけないぞ」。父は私が規則違反のUターンをしたあとで言った。「ひどい運転をするアジア人だ、と思われるからな」。


アイオワに引っ越す前から、私はすでに自分のアジア人としてのアイデンティティについて書いたりするのは幼稚だ、と決めこんでいた。モダニズムから強い影響を受けていた私は、たゆまずに新しい潮流にのめりこんでいたし、自分のアイデンティティとは無関係に自らの新機軸で注目されるだろう、と思い込んでいた。私は「詩による民族浄化」〔poetic cleansing 詩的浄化、にかけて Po-*ethnic* Cleansing（イタリックスは著者ホン）〕というブログの投稿を見つけたあとでさえ、それを信じていた。この投稿主は、私のアイオワでのクラスメートで「ポエトリー・スナーク」（Poetry Snark）という卑怯なペンネームを使っていたのだ。彼は私の最初の詩集を「陳腐なアイデンティティ・ポリティックスの詩集」とけなし、私をリーヤン・リー（李立揚）と比べてみせ（私たちは外見が似ているばかりでなく、同じような詩を書くのに！）、私のような凡庸なマイノリティの詩人たちが一掃されれば、詩の世界はもっと良くなるだろう、とまで書いていた。

私はコメントを見ようとすぐにマウスをスクロールした。一二ほどのコメントのうち、私を擁護するものは一つもなかった。意志薄弱でどっちつかずの「おい、大量殺戮を推奨するのはクールじゃないぜ」といったものでさえなかったのだ。

私は激怒するかわりに、傷つき、恥じ入った。私の中のある部分は彼の言うことを信じさえした。私は、それまで自分がアイデンティティ・ポリティックスに重きを置くだけの詩人ではないと証明しようと必死に苦労していた。そこへ彼は、知的でない「アイデンティタリアン」としての私の姿を暴いたのだ。私の恥辱は「ポエトリー・スナーク」の正体がわからないことでいっそう悪化した。誰であっても不思議でなかった。そのブログはたいそう人気が出たので、私の名前をグーグル検索すると出てくるリンクの二番目になってしまった。彼のサイトをクリックして彼に同意するのはどういった人たちだろう？　その全員が、私が殺されてしまえば良い、と思っているのだろうか？　ついにある人が、ブログの書き手は私のクラスメートだと暴露したときには、私はむしろほっとした。あのごますりのろくでなしか？　もちろんあいつに違いないのさ！

クラスメートによる吐き気を催すような投稿は、私が大学院生活で経験したことに比べればまだ対応しやすかった。なぜなら、アイオワ州でのじわじわとしたレイシズムは陰険なかたちで行われたからだ。私はなぜ自分が偏執的になっているのかと自問しながら、いつも自分のことを後知恵で責めていた。私がワークショップでレイシャルポリティックスを取りあげたとき、いつも恩着せがましい態度を取られたことを思い出す。しまいには私は彼らの態度を内面化してしまい、エスニックポエトリーをエスニシティばかりだわと馬鹿にすることさえした。私にははっきりしてきたが、アジア人としてのアイデンティティという主題は、資本主義などの内容の濃い問題と組み合わせなければ、不十分であり不適切なのだ。私はアイオワ州における有色人種のライターたちが、自分たちにアイデンティタリアンの烙印を押されたくないため、彼らの詩やフィクションからエスニシティの要素を消し去ったのを知っている。振り返ってみれば、妙なことに彼らはみなアジア系アメリカ人だった。

私が大学院生だった頃は、形式主義者であれ前衛主義者であれ、重苦しい詩形に対して敬虔の念があった。自伝的要素を明らかにする行為は、人種的なものであれ、性的指向に関するものであれ、弱さの印とみなされたのだ。お気に入りの避難所である大学の中央図書館で最近の修士論文を熟読したときのことを覚えている。私はアジア系の名前をいくつか目にした。私の見たかぎりでは、誰一人修士課程修了後に本を刊行していなかった。私は自分も彼らと同じように消えてゆくのかと怖かった。

私が片側顔面痙攣と診断されたのはアイオワでのことだ。カフェインが原因で起きたと思っていたが、チックがいっそうひどくなり、みなが気づいていると信じこんだ。誰も何も言わなかったけど。CATのスキャニング検査の予約のために朝早く起きた日のことを思い出す。ストレッチャーに仰向けに横たわると、そのまま装置の中に自動的に吸い込まれてゆく。内部はなめらかで白く円筒状だった。私は巨大で内部が空洞のディルドの中にいるような気になった。身体が電気を帯びている気がしたし、脳が狂ってゆく感じを覚えた。

一年前に、私はニューヨークのクラウンハイツにある小さなギャラリーでこの本の一部を朗読した。そのあとで、そのイベントのキュレーターと外で煙草を喫っていたとき、あごひげをはやしタトゥーを入れた白人のマネージャーが私のところまでゆっくり歩いてくると、ほかの仕事に必要なので人種意識向上セミナーを受けている、と話しかけてきた。彼は人種意識向上セミナーを連発した。

「その人種意識向上セミナーのメディエーターは賢い人間なんだ。たくさんのことを学んでいるよ」

「良かったわね」。私は答えた。

「どのようにすればマイノリティ同士がお互いにレイシストにならないかを教えてくれた」

「それはたわ言《ブルシット》よ」。私は甲高く笑って言った。

「君は僕の人種意識向上セミナーのメディエーターを嘘つきだと言うのか？」

「そうじゃないわ」。私は答えた。「彼はたぶん誤解しているんでしょう」。

「彼はこうも言った。アジア人は次の白人になる存在である（Asians are next in line to be white.）」。彼は腕を組みながら言った。「君はどう思う？」

「あなたは人種意識向上セミナーのメディエーターを替えた方が良いと思うわ」

「それは間違っているのかな？」

「そうらしいわね」。私は彼から顔を背けて言った。

「なぜ僕が君の言うことを信じなければならない？」

「なんですって？」

「僕の人種意識向上セミナーのメディエーターはいつも人種について話しているんだ――それなのに、なぜ君の言うことを信じなければならないんだ？」

無知な白人相手に人種問題を教えようとする行為は、こちらをひどく消耗させる。それにはあなたの説得力のすべてを動員しなければならない。なぜならそれはたんなる人種に関するおしゃべりと違い、存在論的だからだ。それは、ある人間になぜあなたが存在するか、あるいはなぜあなたが痛みを感じるか、あるいはなぜあなたの感じるリアリティが彼らのそれと違うのかを説明することに似ている。ただし、白人に人種問題を教える方が、それらよりさらに足をとられやすい。なぜなら相手は、お前さんなんぞ存在しないよと証明してくれる、西欧の歴史、政治、文学、マスカルチャーのすべてを自分の味方にしているからだ。

言葉を変えていえば、私はその男にあっちへ行ってくれ、と言うべきか、歴史の授業をするべきかがわからなかった。「私たち［アジア人］は一五八七年からここにいるのよ」。私はそう言っても良かったのだ。「だから［アジア人が］ぐずぐずしているってのは何のこと？　白人さまのグルーポンはどこにあったの？」　ほとんどのアメリカ人は、アジア系アメリカ人については何も知らない。彼らは「中国人」が「アジア人」の提喩《シネクドキ》であると思っている。ティッシュを「クリネックス」と呼ぶようなものだ。私たちが多くの民族からなる希薄な同盟であることを知らない。アジア系アメリカ人社会における「われわれ」（we）に関わる資格は、それこそたくさんあるのだ。東南アジア人、南アジア人、東アジア人、太平洋諸島人、同性愛者か異性愛者か、ムスリムか非ムスリムか、富裕層かそれとも貧困層か……。アジア人は例外なく自己嫌悪を抱いているのか？　もしも私の自己まで解体しかねないエゴは、人種的な現象ではなく、私自身のいまいましい問題だったとしたら？　「韓国人は自己嫌悪を抱きがちね」とあるフィリピン人の友人がお酒の席で私をいさめた。「フィリピン人はそこまでじゃないわ」。

自己嫌悪はアジア系アメリカ人の際立った特性である。だって、いくらかの者はどのマイノリティグループより経済的にうまくやっているにもかかわらず、社会の注目を浴びる存在であることはまずない。事態は少しずつ変わっているとはいえ、政治、エンターテインメント、メディアの分野ではほとんど存在しなかった——芸術でも同様だ。ハリウッドはいまでもアジア人を差別しているので、私は映画を見る際、たまにアジア人のエキストラが登場すれば、中国人《チンキー》に向けられたジョークに身構えてしまい、それが一つも登場しないとほっと胸を撫でおろす。さらに、アジア人はどのマイノリティグループと比べても収入格差が大きい。労働者階級のなかで、アジア人は縫製産業やサービス業界の目に見えない奴隷で、第三世界のような労働環境と最低賃金にも届かぬ賃金で働かされているのに、縮小する福祉国家のなかで苦しんでいるのは白人の労働者階級だけだ、と思われている。だが私たちが不満を口にすれば、アメリカ人はいきなり訳知り顔になる。なぜそんなに不満なんだ！　あんたがたは次の白人になる存在なんだ！　まるで私たちが生産ラインに一列に並ぶ iPad みたいな言い方だ。

ここでおそらく、次のように歴史を概観しておくことが必要かもしれない。南北戦争のあと、中国人がどのように奴隷のかわりの苦力《クーリー》としてプランテーション農園で働かされたか、あるいは大陸横断鉄道の敷設のため、彼らがどのようにしてダイナマイトをドリルで掘った穴に埋め込んで線路を敷いたか。その作業で、中国人たちはしばしばダイナマイトで吹き飛ばされたり、暴風雪で雪に埋まってしまったのだ。明白なる使命《マニフェスト・デスティニー》を現実のものとするための鉄路を建設するなかで、一マイルあたりで中国人労働者が三人ずつ命を落としたが、プロモントリーサミットで黄金の犬釘《ゴールデン・スパイク》の記念写真が撮影されたとき、中国人の労働者は一人として白人の鉄道労働者と並んで写真に収まることはなかった。

もっとも、告白しなければならないが、私は一九世紀のアメリカの中国人の歴史を自分のものとしてとらえるのに苦労している。その時代に私の先祖はまだ韓国にいたからだ。そこで先祖が何をしていたのかは、記録が失われてしまったためわからないけれど。私自身はこうした中国人たちに外見は似ていると思うけど、古い写真を見る際にはどうしても白人の入植者たちが彼らを見たに違いない眺め方になってしまう。詰め物入りのパジャマを着て気色の悪い長い辮髪をたらした彼らはとても奇妙に見える――まるで西部劇の写真に合成で入れられた宇宙人のようだ。白人入植者の眺め方になってしまうのは、彼らがどうやって生きていたのかという一次資料がごくわずかしか残されていないためと思える。たとえば彼らの賄い付き下宿や激しい疲労困憊、ホームシック――そういった事実の大半が記録に留められぬまま失われてしまった。最初にアメリカに来た中国人女性は、さらに過酷な扱いを受けた。誘拐され、この荒々しい野蛮な国に密輸された一五歳の少女の立場など私には推し測ることさえできない。あいまい宿に監禁され一日に一〇度もレイプされた彼女の身体は梅毒でボロボロになっていった。そうなってしまうと、彼女は外に放り出され、たった独りで死んでいった。

哲学者のジョルジュ・アガンベンはこう記している。[*1] 剝き出しの生、すなわちホモ・サケルは、社会の保護のもとにある生とは反してたんなる生物学的な生である、と。ホモ・サケルは「他者が殺人罪に問われることなくその人間を殺すことができるという事実のために、すべての権利を剝奪」されていて「絶え間のない逃走のなかでようやく生きながらえることができる」存在だ。私は、まるで植物か豚のように、ただの生物学的な事実に貶められた身体というものを考えることができない。もし売春婦が誰にも看取られないで死んだとしたら、彼女はいったいこの世に存在したのだろうか？

仮にタイムマシンがあったとしても、この国では時代をさかのぼることができるのは白人に限られるだろう。白人以外の大半は、奴隷とされるか、殺されるか、不具にされるか、あるいは狂暴な子どもたちに追いかけまわされていることだろう。だが、私は一日でも良いからタイムマシンに乗ってみたい。一八世紀の半ば以降に始まった反中国人運動のなかで生きる恐怖を見てみたいからだ。そこでは中国人の移民が家から出歩くと、唾を吐きかけられたり、こん棒で殴られたり、背中を撃たれたりするのだ。反中国人運動は一八八二年の中国人排斥法で頂点に達したが、その移民法は特定の人種がアメリカ合衆国に入るのを禁じた最初のものであって、議員やメディアが中国人を「ネズミ」「ハンセン病患者」と決めつけるのと同時に、善良な白人から仕事を盗む「機械のような」労働者たちと位置づけるようになってから制定された。

アメリカ合衆国に残った人びとは、民族浄化に格好の動く標的とされた。自警団員たちが彼らの商売に爆弾をしかけ、テント越しに撃ち、家屋から燻りだそうとした。西海岸沿いでは、何千人もの中国人移民が彼らの町から追い出された。一八八五年、ワシントン州のタコマでは妊娠している女性の家に白人たちが乱入し、彼女の髪をつかんで家から引きずり出すと、町に住む三〇〇人の中国人移民とともに行進させた。その行進は夜の闇の中に進み、冷たい雨の降りしきるなか、荒野へと向かったが、そのあいだに彼らの家は、暮らしていた痕跡もろとも彼らの背後で燃やされてしまった。行き場をなくした彼らは、「絶え間のない逃走」を続けるしかなかった。一八七一年には、中国人数名が白人の警官を殺したという噂を聞きつけたおよそ五〇〇名のロサンゼルス市民が、市のチャイナタウンに入りこんでいった。彼らは一八名の中国人男性や少年を拷問し、首を吊した。これはアメリカ史上で最大の集団リンチだった。彼らがリンチされた通りは、当時「黒んぼ通り《ロス・ネグロス》」と呼ばれていた。

一九一七年、アメリカ政府は中国人への移民禁止令をアジア全体に拡大した。フィリピンはその頃はアメリカの植民地であったにもかかわらず、フィリピン人までも入国を制限した。基本的に、その移民禁止令は世界的規模での人種隔離政策だった。一九六五年、アメリカは「劣った人種」をふたたび歓迎するようになったが、それは彼らがソヴィエト連邦とのイデオロギー上のつまらぬ競争に陥っていたせいだった。当時のアメリカ合衆国は、ＰＲの問題を抱えていた。もし彼らが、貧しい非西洋諸国に広がる共産主義の潮流を撲滅したいなら、自らのジム・クロウ法的なレイシストイメージを刷新し、自分たちの民主主義が勝っていると証明する必要があった。その解決法は、非白人たちを自分の国に招いて自分たちの目で見させることだった。こうした時期、「モデルマイノリティ」の神話が共産主義を——それに黒人も——けん制するために拡散された。アジア系アメリカ人の成功物語は、資本主義を促進し、黒人の公民権運動の信憑性を弱めるために広められた。つまり、私たちアジア人は多くを求めず、勤勉で政府からの施しを求めないから「良き」市民とされたのだ。アメリカは、あなた方がこちらの言いなりで勤勉に働くかぎり差別は存在させない、と私たちアジア人に言質を与えたのだ。

だがわが国のモデルマイノリティの地位は変化してゆくものだ。現在、インド系アメリカ人はアジア系アメリカ人のうち最も高収入のグループに属するが、九・一一以降、とりわけここ数年は、彼らは格下げされている、ないしは彼らの方で「褐色人種」と自認し始めている。アメリカの人種化《レイシャライゼーション》（人種に基づいて個人を分類・差別すること）にはおかしな点がある。日本が朝鮮と中国の一部を植民地化し、第二次世界大戦のあいだにフィリピンに侵攻したことは問題ではない。またインドとパキスタンのあいだにカシミール地方を巡って長きにわたる血なまぐさい国境紛争があることや、ベトナム戦争以来ラオス人たちがモン族を組織的に大量虐殺してきたこともどうでもよい。アジアの国がほかのアジアの国々とどのような覇権争いをしていたとしても——そのほとんどは西洋の帝国主義と冷戦の影響だが——それらは、違いさえわからぬアメリカ人によって、スチームローラーをあてられたように平板なものにされてしまう。トランプが大統領に選出されて以来、アジア人、とりわけムスリムやムスリムのように見えるアジア人へのヘイトクライムが急増した。二〇一七年に白人優位主義者が二人のヒンズー教徒のインド人エンジニアをイラン人のテロリストと間違えて撃ち殺してしまった。翌月、シーク教徒のインド人が、シアトル郊外の自宅のドライブウェーを出たところで「ゴーバックトゥユアオウンカントリー」と罵られたあとに銃で殺された。

何年もニューヨーク市で大学の臨時教員としてかつかつの暮らしをしたあと、詩人であるプラジータ・シャルマは、モンタナ大学でクリエイティブ・ライティング・プログラムの主任という新しい仕事を始めたくてうずうずしていた。二〇〇七年、私はシャルマの歓送会に出席した。彼女が私にこれから夫とともに住む家のこと、使えるスペースのこと、主任としての計画について興奮して語っていた様子を思い出す。シャルマは、私が知るニューヨークの詩人の中で最も温かく寛大な心を持った一人だった。私は彼女が西部でたやすく居場所を得ることを少しも疑わなかった。

主任としての最初の一年目に、シャルマは自分の新居でパーティーを催した。その際に、訪問教授と二人の大学院生が彼女の寝室に忍び込み、彼女の引き出しから下着を盗みだした。あとになって、その訪問教授と大学院生たちは、まるで男子の友愛会《フラタニティ》にでもいるかのように、その下着を頭からかぶった写真をバーで撮影し、そのプログラムに参加した人びとが眺められるようにみなに写真を送りつけた。詩人であるこの訪問教授がアジア系の男性だった事実を、どう解釈したら良いのだろう？　このケースにおいては女嫌い《ミソジニー》がいかなる人種的な団結をも打ち負かした。また、この男性とシャルマは、遠く離れた白人の多い州の、大半が白人のプログラムの中で、二人だけのアジア系アメリカ人だった。アジア人が二人しかいない場合、団結するかわりに一人がもう一人を排斥しようとする。マイノリティに与えられたわずかな権力を分かち合わないようにするためだし、もう一方と同類だと思われないためだ。

「私は惨めな気持ちにさせられたわ」とシャルマは語った。「ほかにどう言ったら良いかわからないわ」。

その事件を突き止めたシャルマは、セクシャルハラスメントを受けた、と苦情を申したてた。それにかかわった人間たちは全員がシャルマに謝罪したが、彼女がその謝罪を受け入れないことを知ると憤った。たんなる悪ふざけだったのに、なぜそれをやり過ごせないのだろうか？　聴取を受けた同僚の白人女性はこう述べた。「その事件は、ばかばかしいほど実際より誇張されてしまっています」。彼女の同僚たちは、そのプログラムがまがまがしい事態となったことを修復しようという決断を下さなかった。それどころか、自分たちの文化に同化《アシミレート》することを拒否したシャルマを雇ったことで自分たちは大きな誤りを犯した、と決めつけた。シャルマはそれを変えようとした。彼女はそのプログラムにダイヴァーシティを持ち込もうとしたが、学生たちも含め、ほぼ全員がそれに反対した。モンタナ州では時期尚早だ、というのが全体の意見だった。シャルマが適材ではないという公然たる声も上がった。シャルマはそれまで三冊の本を上梓していたにもかかわらず、同僚たちは彼女を「かけだしの詩人」として片づけた。「誰もあなたのことを知らない」という言葉も彼女にとって大きな打撃となった。英語学部の学部長は、シャルマが彼女の一二歳の娘が読んでいる『赤毛のアン』を読めば、「女性としてのリーダーシップ」についてもっと学べるだろう、と述べた。

シャルマは気が変になってしまうと感じた。こうした攻撃が彼女になされているのは彼女がインド人の女性だからだ、ということを誰も認めてくれなかった。「私の周囲の人間は誰もがひどい態度を取ったわ」と彼女は言った。「でもどうしたわけか一番手に負えなかったのは私自身だったのよ」。シャルマは主任としてさらにいっそう懸命に働いた。彼女は、自分が貶められたと思ったときは必ず口に出すことを明言したが、プログラムの連中は、そんな態度は大げさすぎると嘲った。ついにそのプログラムの教授陣は、シャルマの働きは「考慮に値するもの」ではなく、事務的な仕事に就けるべきだと主張して、英語学部長にシャルマの主任の地位を剝奪して減俸するよう納得させた。こうした動きに対抗し、シャルマはついに大学に対して「人種上の雇用差別訴訟」を起こした。彼女は、同僚たちがシャルマが主任であることを望んでいなかったのを知った。彼らが欲しかったのは秘書だったのだ。

シャルマは二〇一〇年の『ビスワス夫人の状況』（*A Situation for Mrs. Biswas*）という詩の中でこう記している。「私たちには失敗があった。両手にあまるほどの失敗があった」。この詩は彼女の父親のキャリア人生を扱っているが、それは彼女のキャリア人生に驚くほど似ている。貧しい学者である移民としてアメリカに渡った彼女の父は、努力して小さなカレッジの最初の南アジア人学長になった。シャルマと同じように、彼女の父はいったん権力を持つと辱めを受けた。だがシャルマの場合とは違い、大学管理に失敗したという根拠のない噂を立てられて辞任に追いこまれたのだ。

『ビスワス夫人の状況』が描いているのは、心を揺さぶられる、痛ましい、まさに倫理的な物語であり、同化という幻想を査定したものになっている。同化というものの特権は、干渉されないことだ。だが同化を権力と取り違えてはいけない。なぜなら、ひとたびあなたが権力を握れば世間の目にさらされるし、かつてあなたの役に立ったモデルマイノリティという資格があなたに不利に使われることもありうるからだ――なにぶんあなたはもはや目に見えない存在ではないのだ。シャルマは「自分のがんばりに対し、白人から認められること」をいつも望んでいた父が「欲深な茶色い肌の男」「インド人のペテン師」「まやかし野郎《スネイクオイル》」と呼ばれた、と書いている。

父と娘の双方がどちらも指導的な立場につき、その後、同じように貶められたことをどう解釈したら良いのだろう？　私はここで首筋にちくちくするような読者からの不信の念を感じてしまうが、そうした不信の念は、出来事をつなぎ合わせて血を流れる家系の問題だと結論づける「構造化されたレイシズム」を見過ごしてしまう危険をはらんでいる。金銭ずくも粗暴も家系の問題なのだ。私はここで、私が従順なアジア人女性の役割を果たさなかったせいで、白人たちから荒々しい敵意に満ちたあらゆる種類の態度をとられた事実を伝えたい。私はシャルマが受けた仕打ちに怒りを覚えるが、驚きはしない。だが私たちは、自分たちが信じてもらえないことを知っているため、自分自身でもそれについてあやふやになる。だから私たちは、遠慮なく発言しすぎる、プライドが高すぎる、野心がありすぎる……と自分たちを責める。シャルマは、この詩の中で自分の家族の誇りをイカロスになぞらえている。

想像してみて、わたしたちはとてもちかくまで
そびゆる空のちかくまでいったのに　想像してみてどのようにわたしたちが墜落したのかを
墜落はわたしたちを終わらせないとどうしてわかったのか

ここに墜落、あそこに墜落、おたけびをあげよ、ああ荒れ狂う自我よ
あなたが思うほど悪くはないのかもしれない［改行は訳者が原詩になぞらえて行った］

何年ものあいだ、私は父がヘロインの売人ではないか、という印象を抱き続けていた。九歳のとき、ドラッグを扱ったメアリー・タイラー・ムーアの特別番組を観たあとで、私は両親のクロゼットをあさり、そこで黒いねばねした球状の物をアルミ箔で包んで入れた小さな箱を見つけた。それは彼女の番組で見たアヘンに似ていた。私は憤慨した。父はドラッグを売っている！　だからいつもどこかに出かけているのだ。

結局、それは韓国の薬草で作られた薬なのがわかった。

子ども時代の私はアジア人につきまとう猜疑を選び出し、いかにもそれらしく父の不在をその猜疑に結びつけていた。父はしばしば、私が父の味方をしない、と言って嘆いた。大人になったいまの私は、父を守らなければ、と感じる。だからこそシャルマが父親のことを詠んだ詩に心を動かされたのだろう。私たちの父親たちが粒々辛苦してようやく築き上げてきた尊厳は、とても脆いものなのだ。私がそれを知っているのは、ほかのアメリカ人が父を眺めるように私も眺めていたからだ——そう、疑いの目をもって。

オーバリン大学で父が私のクラスメートの父親と顔合わせをしたあと、私は父を叱った。「どうしてあんなに不作法だったの？　なぜ何も答えなかったの？」　車の中にいた私たちは、母も一緒にクリーブランドに行くところだった。両親は韓国料理屋に行きたがった。イエルプがまだない時代だったので、父はイエロー・ページでキムという名前を探し、でたらめな相手に電話して良いレストランを教えて欲しいと訊ねた。相手は韓国人から電話が来たことに喜び、私たちを案内したい、と申し出てくれた。

「俺はお前のルームメートの父親に、朝鮮戦争で戦ってくれてありがとうと言えばよかったのか？」父はついに言い返した。「それがお前のして欲しかったことなのか？」

朝鮮語の情《ジョン》という言葉は翻訳不可能だが、最も近い言葉を探せば「瞬時に生じる親密さ」というしばしば韓国人同士で生じる感情を指す。いったい私はあのセラピストとのあいだに情《ジョン》を想像したのだろうか？　なぜ私は、彼女と共通の伝統が親密さへの近道になると仮定し、彼女が自分を理解してくれると思ったのだろう？　より正確に言うなら、私自身を知るための近道なのだが。私が韓国系のセラピストを求めた理由は、おそらく長々しいサイコセラピーを体験したくなかったせいだろう。いや、本当は自分の生活や経験について説明したくなかったのかもしれない。ユダヤ人の友だちは、自分はユダヤ人のセラピストのところにはいかない、なぜなら自分の家庭の機能不全の理由がなんでもかんでもユダヤ文化からくるものだとされてしまうからだ、と教えてくれた。ときには、自分が理解するためにも、自分の生活や経験を説明しなければならないことがあるのだ。

私はたまたまユダヤ人であるセラピストを見つけた。一回目の診察で、私は最初のセラピストに拒絶された話をした。私に対する彼女の態度はプロ意識に欠ける、と二人目のセラピストが言ってくれたので、私は正しさを証明された気持ちになった。二人目のセラピストは、最初のセラピストの生い立ちが私とあまりにも似通っていて、彼女自身もそうした問題をきちんと内面で処理できていなかったため、自分がセラピストとしてふさわしくないと感じたんじゃないかな、と言った。

私の方には、最初のセラピストがどうこうという問題を超えた割り切れない感情が残っていた。精神分析の用語を使えば、私はおそらく彼女に感情転移《トランスファレンス》をしていたのだろうが、では彼女は私の母、あるいは恋人、それとも何だったのだろう？　例の電話での会話の後、私はRateMyTherapist（「セラピストを採点する」）というサイトに彼女に仕返ししようと怒りに満ちた評価を書きこんだ。長たらしい書き込みのなかで、私は彼女ばかりでなく韓国人全体への恨みを書き連ねた。「韓国人は欲求不満だ！融通がきかない！　冷淡！　韓国人はメンタルヘルスの分野で仕事するべきではない！」　私はいきおいこんで書いた。そして「送信」ボタンを押したが、なぜか私の未保存の長ったらしい暴言はサイトで公表されなかった。天空《エーテル》へと霧散してしまったのだ。

ライターのジェフ・チャンはこう書いている。「私は私たちを愛したい」。だけど「私たち」（us）が誰であるかわからないから、自分にそれはできない、と。私も彼の確信の無さを共有している。「私たち」とは誰のことだろう？　「私たち」とは何のことだろう？　いったい、アジア系アメリカ人の意識というコンセプトは存在するのだろうか？　それは一世紀以上前にW・E・B・デュボイスが確立した「二重意識」と似たものだろうか？[*2]　アジア系アメリカ人というラベルに塗られたペンキはまだ乾いていない。この言葉は、扱いにくく厄介なもので、私という存在に危なっかしく止まっている。一九六〇年代終わりにアジア系アメリカ人活動家がブラック・パンサーとともに抗議運動を繰り広げて以降は、私たちは自分たちのものと呼べる大衆運動を行っていない。私が恐る恐る使う代名詞「私たち」（we）は、団結によって共通の集合名詞になるのだろうか？　それとも、分裂したままでいて、ある者は「外国人」とか「褐色」のままであり、またある者は富や異人種間の結婚によって白人の振り《パッシング》をするのだろうか？

トランプが大統領に選出された一週間後、私は朗読会のためにミシガン州のカラマズーに赴かなければならなかった。飛行機で若い南アジア人の男性と隣り合わせたが、彼はフライトアテンダントに過剰なほど丁寧にふるまい「マーム」や「お願いします」「ありがとう」といった言葉をはっきりとした発音で連発していた。彼はいつもこうなのだろうか？　それとも用心深くなっているのだろうか？　飛行機が着陸し、私がキャリーケースを頭上のラックから下ろそうと苦労しているとき、ミシガン州のフットボール・チーム「デトロイト・ライオンズ」のジャージを着た首の短い白人男性が「ちょっとすまない」となりながら私を押しのけて通った。これは彼がたんに不作法なせいか、それとも私がアジア人なのでこんな行動を取ったのだろうか？

私はブルックリンの流儀になじみ過ぎているようだ。

車が殺風景なコンクリートのストリップモール――アウトバック・ステーキハウス、コストコのサイズのあるファミリー・クリスチャン・ストアーなど――を通過するとき、激しい風の吹いている一一月の空の下、「トランプのために」（4 Trump）と手書きされた厚紙が街灯にくくりつけられ、不吉にはためいているのを見た。それまでミシガン州について特に意見は持っていなかったが、この州でトランプが選出されたときに私は立場を決めていた。私は敵の陣地にいるのだ。

そのあと私はウェスタン・ミシガン大学の聴衆に驚かされた。聴衆は私の予想以上にさまざまな人種で成り立っていた。聴衆も私と同じように動揺しているようだったが、それというのもその週のこと、共和党の上院議員たちが、ムスリムの住民の登録の先例として日本人の強制収容に言及したのだ。私は強制収容所について語り、なぜ歴史が繰り返されてはいけないのかを説いた。それからこの本に所収されたエッセイを一つ朗読した。何名かの有色人の学生たちが前列に座り、終わったあと私の方に近寄ってきてどれほど朗読に感謝しているかと言ってくれた。そのなかにいた韓国系アメリカ人の女子学生が、自分がキャンパスでどれほど孤独で、疎外されていると感じているかを語った。彼女は私をハグして良いかと聞き、私がそれに応じるとすすり泣き始めた。自分がこの本を書いているのは彼女のような人のためだ、そう私は思った。

それから七〇代の白人女性が私に近づいてきた。ひどく痩せ、笑顔を見せない冷酷そうな女で、両手で杖を握りしめていた。

「強制収容所について話してくれてありがとう。私は戦争中にフィリピンで戦時捕虜《POW》になっていました」。彼女はこう切り出した。「私の一家は伝道師でした。当時の私は子どもだったけれど、家族全員が牢獄に入れられました。日本兵たちは、日系アメリカ人市民にしていることの報復として私たちを拷問するんだ、と言っていました。トランプがしようとしていることは間違っていますよ。彼は私たちすべてを危険に陥れているのです」。

彼女が話してくれたことに私が礼を述べたあと、彼女は鋭い目で私を見た。

「あなたにご自分の詩を読んで欲しかったわ」と彼女は厳《いか》めしい口調で言った。「私たちには癒してくれる詩が必要です」

「私には癒す心構えがまだできていないんです」。私はできるだけ穏やかに言った。彼女がどのように応じるかが怖かったのだ。

彼女はうなずいた。

「あなたのお気持ちを尊重します」。そう言って彼女は歩み去った。

朝鮮戦争では三〇〇万人以上の朝鮮人が亡くなった。これは人口のおよそ一割に当たる数である。そのなかには、道をふさいでいるというので、あるいは共産主義者の協力者と間違えられて殺された無辜の民間人も多数いた。戦争のあいだ、私の父は家で家族といたときに、ドアをどんどんと叩く音を聞いた。家族が何か反応する前に、アメリカの兵隊たちが小屋に押し入ってきた。彼らは味噌の入った陶器の壺を蹴り落とし、寝具をずたずたにした。ほんの数分で父の家は滅茶苦茶になった。兵隊たちは知らない言葉で何か命令を怒鳴ったが、それを一言でも理解できる人間はいなかった。「彼らは何が欲しいんだ?」家族はあたふたとして尋ね合った。「なぜここに来たのかな?」兵士たちは私の祖父を指さして外に出るように命じた。巨大な体軀の彼らに比べると、祖父は小人のように見えた。だが祖父は従おうとしなかった。彼は朝鮮語で「私たちにどうして欲しいんだ? 何も悪いことはしていないぞ!」と言い続けた。とうとう一人の兵士が祖父の頭をライフルで殴り、家から引きずり出した。

残りの家族全員が祖父を追って中庭に出た。祖父は朝鮮語で懇願し続けた。兵士が祖父を黙らせようと、警告の意味で地面に銃を一発撃った。祖父も残りの家族も、手を頭の後ろに回して地面に横たわるよう命じられた。兵士は銃を傾けると祖父の頭に向けた。そのとき伯父が、ちょうどそこにやってきた兵士たちの通訳に気づいた。彼らは一緒に学校に通った仲だったのだ。伯父はその通訳に呼びかけ、相手も彼に気づいた。通訳はアメリカ兵たちに向かって、彼らの得た軍事情報は間違っている、と伝えた。ここの村人たちは共産主義者の手先ではなく、無辜の民間人だった。アメリカ兵たちは捕まえる相手を間違えたのだ。

デヴィッド・ダオが満席のユナイテッド航空の飛行機から警備員に引きずりおろされるバイラルヴィデオを観たとき、私は父の物語を思い出した。二〇一七年四月九日、この飛行機がたまたまダブルブッキングで席が足りなくなったため、乗務員たちは席を譲ってくれる乗客を募った。誰も呼びかけに応じなかったとき、彼らは行き当たりばったりにダオを選んだ。ダオはそれに応じず、スタッフは警備員を呼んだが、なんと彼らは力ずくでダオを飛行機から引きずり下ろした。ダオは六九歳の身幅の狭いベトナム人で、最近刈ったばかりの黒々とした髪の持ち主だった。搭乗に際し、黒のパタゴニアセーターを着込みカーキ色のキャンパス生地の帽子をかぶって品の良い格好をしていた、その帽子は口論のあいだにたたき落とされてしまった。

ダオについて記事を書いた私のアジア人の友人やアジア系アメリカ人のジャーナリストは、皆が同じことを言った。「ダオは自分の父親を思い出させる」。それは彼が私たちの父と同じくらいの年齢であるばかりではない。彼のきちんとした控えめな外見が親しみを覚えさせたためだ。彼のこれという特徴のない外見は、快適さのためというよりむしろカモフラージュのためであり、温和で自己主張をしないプロ精神を相手に見せようとして育まれたものだった。彼の外見はこう語っていた——私は場所をふさいだり、大騒ぎするような人間じゃありません、と。そうなのだ、言いつのるような人間ではないのだ。

その声は、ダオが意識を失い、眼鏡が斜めにずれ、趣味の良いセーターがぽっちゃりした腹部が露出するほど引き上げられたまま通路を引きずられる姿よりも、こちらの心をかき乱した。彼が通路を引きずられる前に、三名のスタッフがまるでマングースの首筋をつかんで穴から引っ張り出すように窓際の席からダオを無理やり引きはがしたのだ。それから私たちは、ダオがイタチの唸るような声を上げるのを聞いた。エコノミークラスのキャビンという公共の場でその声を聞くことは、心臓が止まるくらいショッキングで、恐怖さえ感じさせた。彼は粗相していた可能性もある。上品な話し方をする人間と世間に認めさせるのに、いったいダオはどれだけの年月を費やしたのだろうか？

かつてエコノミークラスで旅行して苦労したことのある人びとは、誰もがダオに自分を重ねあわせた。メディアはダオを「乗客」「医師」「男性」と報道し、最初に議論された彼のアジア人というアイデンティティは脇に追いやられた。このまれなケースでアジア人がようやく中産階級のアメリカ人を代表する存在になったという声もあるが、私はそれを信じない。ダオは普通の人間ではない。なぜなら普通の人間があのように痛めつけられることはないからだ。同じ観点から、私はダオを見て思う——彼は誰かに過ぎないのでなく私の父親なのだ、と。でもシカゴの航空関係者たちから見れば、彼は人間ではなくただの物体だった。彼らは、受け身で、男性的でなく、信用するに値しない疑い深い外国人としてダオをとらえた。彼らが行動に移るまえ、長い年月をかけて蓄積されたステレオタイプが、無意識の裡《うち》に彼らの脳裏をよぎったはずだ。

そしてすべての男性がダオのように行動したわけでもない。意識を取り戻した彼は、警備員たちから逃れて飛行機の中に駆け込んだ。そして通路を走りながら「家へ帰らなければならない、家へ帰らなければならない」と静かだが混乱した声で言った。口から血が流れ落ち、顎を伝って垂れた。後になって、職員たちが彼を席から連れ出そうとした際に、ダオの頭をひじかけに強く打ちつけていたことが判明した。彼の鼻の骨と歯が折れたし、ひどい脳震盪のせいで彼は幻覚に襲われたのかもしれない。空いている席か、落ち着くためにつかまるものを探すダオは、呆然としながら彷徨っているように見えたが、クラスとクラスを分けるところにあるギャレーのカーテンで手を打ったようだった。まるでそれが磔柱でもあるかのようにカーテンにしがみつきながら、ダオはこう口走った。「私を殺せ。いますぐ殺してくれ」。

こうした行動は普通の人間がとるものではない。そのときのダオは、別の場所、別の時間にいた。彼が味わったひどい追い立てられ方は、彼の心に深く根を張ったトラウマを呼び覚ましたのかもしれない。一九七五年、サイゴンが陥落して、彼の家はもう家とは呼べない場所になった。避難民として逃げ出さざるをえなかったダオは、妻とともにケンタッキー州で五人の子どもを育て上げた。彼の数奇な人生についての報道が正しければ、彼の新しい家庭にも、やはり不条理なほど馬鹿げた苦労があった。ダオは強精剤の処方薬を売りさばいたため逮捕され、医師免許を剝奪され、その後はポーカーのプレイヤーとして生計を立てた。彼の擁護者たちがダオの逮捕歴とユナイテッド航空の事件とは関係がない、と言うのに私は同意する。けれど、私の目には関係がある。なぜなら、それは私たちに、ダオをより複雑でリアリスティックな光のもとで見させてくれるからだ。ダオは犯罪者ではない。勤勉なロボットでもない——母国の惨状から逃げ出し、奇跡的な回復力で医師になり、娘たちも医師に育て上げたのは確かだが。トラウマを抱えたまま移民としてこの国に来た者の多くは、うまくやっていくためにはさまざまなことをする。あなたは不正を働き、妻を殴り、ギャンブルにのめりこむ。あなたはサバイバーであり、ほとんどのサバイバーがそうであるように、ひどい父親になる。ダオを見ていた私は、祖父が家から引きずり出されるのを目撃した私の父のことを思った。長い歴史を通じて、自分の意思に反して、自分たちの家からも第二の故郷からも、自分の生まれた国からも国籍を取得した国からも、引っ張り出され、追い立てられ、退去させられた多くのアジア人たちのことを思った。

私は「アジア人は次の白人になる存在だ」というフレーズを聞くたびに「白人になる」(be white) という言葉を「消える」(disappear) に置き換える。アジア人は「次に消える存在」なのだ。私たちはあまりにも教養があり、法律を遵守するので、この国の健忘症の霧の中に消え失せてしまう。私たちは権力を手にすることなく、それに吸収されてしまう。白人の権力を分かちあうのではなく、私たちの祖先を搾取した白人のイデオロギーの手先になってしまう。この国は、私たちの人種的なアイデンティティなるものは的外れであり、それは私たちがいじめられたり、昇進から外されたり、いつも話しを遮られることとは少しも関係がない、と主張する。私たちの人種からしてこの国とは関係がないのだ——それだから、世論調査でしばしば私たちアジア人が「その他《アザーズ》」に分類されるのだし、レイプの報道、職場での差別、DVといったことについての人種的断絶のなかに私たちアジア人の存在が見つけづらいのだ。

「人種からしてこの国とは関係ない」というのでは、まるでいきなり誰からも連絡がこなくなったようなものだ。社会的な手がかりを奪われたところでは、私は自分が行動するうえでの関係性を測る尺度を持てなくなる。私は、自分がしても良かったこと、言っても良かったことを知りたいので、心の中を手あたり次第にあさる羽目になる。私は自分が見た事柄や聞いたことを信じるのをやめてしまう。私の自我が急降下する一方、私の超自我《スーパーエゴ》は果てしなく拡大し、自分という存在はまるで十分ではないし十分であったためしがないと自らを叱咤する。だから私は、より上手くやろう、より良くあろうと、強迫観念に囚われたような努力を続ける。利己主義というアメリカの福音を盲目的に信奉しながら、そして私個人の価値を自分の純資産を増やすことで証明しながら、私が消滅するまで続けるのだ。

2 スタンダップ

木々には雪が降り重なっていたし、柔らかで音もなく降る雪が吹き寄せられて通りを覆い、しまいにはニューヨーク市が消し去られたように見えた。私たちの住んでいるロフトの業務用ヒーターはジェットエンジンのようなうなり声をあげたので、夫と私はお互いの言葉をほとんど聞き取れなかった。いずれにせよ、その年は私は鬱だったので、話をまずしなかったが。私はほとんど一日中ベッドかカウチでだらだらしていた。心電図のモニターに現れる点のような気分だった。ほとんど眠らず、ほとんど食べず、いわんや書くことなどしなかった。冷蔵庫にはテイクアウトが重なっていて、かびが生えて黒い雲丹のような模様になっていた。ときおりeメールをチェックした。Paperless Post を呼び出す。封筒が勝手に開く。送られてきたカードも勝手に開く。私はラップトップを閉じた。

夫が、私が観たことのないリチャード・プライヤーの『ライヴ・イン・コンサート』を観ないかと誘ってきた。家にはテレビがなかったので、夫がカウチと向かいあっている黒い壁に映画を映した。プライヤーがわが家にやってきた。実物大ではなく七フィートも背があった。暗くした部屋に光が刺さっている。心臓発作を起こした男や、ペットの小さなサルが彼の耳をめちゃくちゃにしようと頭の上によじのぼってゆく様子を演じている八〇分のあいだに脇の下に汗をかいて、赤いシルクのシャツはびしょびしょだった。私はナーヴァスになったときだけ汗をかくが、ナーヴァスになると制汗剤など役に立たないから、教えるときや何らかのパフォーマンスをするときには明るい色を着るのは避けている。だけどプライヤーはあえてシルクを着込んでいる。シルクは通気性がとても悪いから吸い取り紙にしみるインクのように汗がはっきりとわかってしまう。

けれど、おどけた動作をする前にはプライヤーは舞台を大またに歩く。まるで動物園の動物を眺めるように席に収まっている全員が白人の観客を眺める。「白人が戻ってきたら黒人が席をとっていたのがわかるっていうちょっと面白い場面だぜ」。鼻にかかった「白人」の声で彼は訊ねる。「僕らがここに座っていなかったかな? ほんの少し前までこの席に座っていたんだよ!」 ここで「黒人」の声に切り替えて答える。「ああ、あんたらは、いまはここに座っちゃいないがね、マザーファッカー」。

ジークムント・フロイトは『ジョークと無意識との関連』の中で、ジョークを二つのカテゴリーに分けている。[*1] 偏向しているもの、そうでないものである。偏向していないジョークは、子どもたちに出されるなぞなぞのように無害であたりさわりがない。偏向したジョークは、攻撃的であるか、わいせつであるか、あるいはその両方かであって、私たちが抑圧して潜在意識としたものを探り当てる。一九四〇年代に、アフリカ系アメリカ人のエンタテナーが楽屋でうけを狙っておおぼら《トールテール》を吹くときに、彼らはそうした楽屋でのジョークを嘘八百《ライズ》と呼んだ。ライズは上品ぶった白人たちのいるところでは話されず、街角やビリヤード場、床屋で語られる偏向したものだった。プライヤーはライズを語った——話を延々と引き延ばしたり、暴言を吐いたり、うぬぼれたり、いろんな物まねをした。なにせ、ボウリングのピンからオルガスムに達したヒルビリーまで物まねしたのだ。プライヤーは、その頃私が読んでいたほとんどの詩や小説よりも、人種については正直だった。

プライヤーは小型バーナーで私の目にかかっていたベージュのもやを灼いてくれた。私は、彼がコメディアンなだけでなくアーティストや革命家でもあるのを知らなかった。彼はスタンダップがなにものでもありうると証明するためにジョークの落ちを除いてしまったが、そんなことは天才にしかできない――天才たちは、モスボールの匂いのするような会場でも彼らの選んだジャンルで沸き立たせ、歌なり、詩なり、彫刻なりが融通無碍なことを示すのだ。

鬱からとうとう脱したあと、私はプライヤーのオーディオやフィルムに残っているパフォーマンスを文字に起こすことに取り憑かれた。その結果わかったのは、文字に起こすとプライヤーは必ずしも面白くないのだ。彼の話し方の陽気さを抜いてしまうと、プライヤーの言葉は強烈でぶっきらぼうなのだ――彼のユーモアの溶剤が気化してしまい塩辛い怒りだけ残っている感じだ。効果の一部は、悪名高いnワードの使用のように罵り言葉をつねに使うことであり、それがそれぞれのセンテンスに句読点をつけるようで強調されるのだ。文字に起こすと彼のモノローグは、赤裸々ではっとさせられるものだ――たとえば、イノセンスというのは黒人にゃ手の届かない特権だという痛烈な告解《コンフェッショナル》があげられる。「俺は八歳までは子どもだった。それからニグロになったのさ」。

批評家たちが気づいているように、プライヤーが輝いているのは、クレバーな言い回しだけでなく、モノローグを肉体化するやり方にもある。プライヤーは一つのアンサンブルであり、誰をも手玉に取って人間の感情のとんでもない広がりに導き入れる才能は傑出している。私が最も魅了されるのは彼の顔の表情だ。プライヤーの言葉が人を傷つけるときには、彼の顔は彼自身の傷つけられた心を露わにしている。プライヤーは、飼っている性欲過剰のサルたちが死んでしまったので彼が裏庭で悲嘆に暮れているときに、隣家のジャーマンシェパードがフェンスを跳び越えてやってきて彼を慰めてくれる、という物語を演じてみせる。念のために言うと、プライヤーは犬に扮しているのだ。けれど、彼はやるせない瞳を見せることで、人間のあらゆる苦痛を魔法のように追い払ってくれるのだ。

ライターやアーティストのほとんどがそうであるように、リチャード・プライヤーも何かほかの者になろうとしてキャリアを出発させた。彼はビル・コスビーになりたかったし、『エド・サリヴァン・ショー』のようなショー番組に出て、白人の聴衆に受けるようなきれいで健全なジョークを話していた。ところが彼は、これじゃぺてんだなと感じてしまった。プライヤーはラスヴェガスに呼ばれて、有名なアラジン・ホテルで芸をした。彼は舞台にあがり、スポットライトを浴び、ディーン・マーチンのような白人セレブでぎゅうぎゅうの聴衆を凝視していると、突然ひらめいた。彼の祖母にあたる「ママ」はこの部屋には絶対に入れてもらえまい、と。プライヤーは父方の祖母のマリー・カーターに育てられたが、彼の故郷のイリノイ州ペオリアで三つのあいまい宿のマダムをしていた女傑だった。プライヤーの母親のガートルード・トマスは彼の祖母のあいまい宿で働いていたセックスワーカーだったが、祖母の手にプライヤーの養育を任せて出ていってしまった。プライヤーは、スタンダップの中で、あいまい宿での孤独な子ども時代について語る。「俺は近所中で悪い冗談を言われたのを覚えているぜ。俺が白人と出会ったのはそれだな。連中はやってきてこう言うのさ「やあ、坊主。お前のママは家にいるかい？　しゃぶって欲しいんだがな」」。

プライヤーの伝記を書いたデヴィッド・ヘンリーとジョー・ヘンリーによれば、ラスヴェガスでのその晩は、プライヤーの人生で「紀元前・紀元後の分水嶺」として永遠に残るのだが、その晩プライヤーはパフォーマンスでビル・コスビーを封殺してしまい、コメディにおける自分自身の流儀を発見したのだ。[*2] プライヤーはラスヴェガスの聴衆に向かって立ち、マイクにもたれかかりながら言った。「俺は、ファック、ここで何をしているんだ？」そして舞台を下りていった。

プライヤーを観ながら、私も同じ啓示を受けていた。私は、ファック、ここで何をしてるのかしら？　私は誰のために書いているのかしら？

詩人たちは聴衆の問題について、せいぜいアンビバレントな処し方をするのみで、おおむね嘲りをもって対する。「「聴衆」という語を使う勿れ。「一般大衆」という観念そのものが、詩人が金銭ずくで詩を書くのでないかぎり、私には間違っているように見える」とロバート・グレイヴスはのたまわった。[*3] つまり詩人たちは、「自分たちは将来の聴衆へ向けて書いている」のだと考えることで、聴衆の問題をあいまいなままに扱っているのだ。なかなか高潔な答えだし、「私は同時代の傾向や偏向に惑わされずに詩を書こうとしている」ということを遠回しに言うために私が用意している答えでもある。私たちは詩ののんびり《スローネス》したところを称揚する。今日《こんにち》の麻痺するような情報の襲撃とは真逆で、詩はゆっくりと私たちの心に染みこんでゆくのだ。

私たち詩人は聴衆など気にしていないと言うが、それは嘘だ。詩人はステータスに取り憑かれているし、私の知るかぎりで一番ご機嫌取りをする連中が詩人にはいくらもいる。私たちにご機嫌取りをさせようとする聴衆などいないのだから、詩人の側がなぜそうご機嫌取りをするのかは、外部の人間を当惑させるだろう。理由は、詩の聴衆は体制《インスティテューション》だということだ。私たち詩人は、アカデミアの権威や、賞の審査員たち、社交的な資本を得られる仲間うち、といったものに依存している。詩人がメインストリームで成功を収めるための貴重な道筋は、審査員のあいだで骨折って妥協を重ねる授賞制度を通してであり、この制度が、聖油《アノインティド》で清められた本なら審美的にも政治的にもリスクがないとたいがいは保証してくれる。

プライヤーを観ているうちに、私はいまでもその体制《インスティテューション》に向けて書いていることに気づいた。なかなか脱することのできない習慣だ。私は白人を喜ばせるよう育てられ教育されてきた。この白人を喜ばせたいという欲求は私の意識に染みついている。私が「自分のために」詩を書いているんだと言明しても、それでも私は、白人を喜ばせたいという「自分の中の一部」のために書いているのだ。

私にはどうすればそれから逃げられるかわからなかった。

一五歳の私にとって、詩を書くというのはキリル文字で書くのと同じで神秘的なものだった。だから私は、ハイスクールの文芸雑誌をパラパラとめくるときには、クラスメートの書いた詩に感銘を受けるのだろうと身構えていた。だけど私は、思春期の詩のほとんどに典型的に見られるのだろうが、こけおどしの黙想のなかにthereがなくhereばかりなのに失望した。アマチュアらしい努力ねと鼻でわらって、私は自分で詩を書くことにした。そんなに難しそうじゃないわ。大丈夫、私ならやれる。それで一つ書いてみた。私は自分が魔法のトリックを発見したようで眩暈がした。

その頃私の一家はロサンゼルスの新しい造成地に住んでいたから、建築中の家に取り囲まれていた。

その一画、丘を平坦にした低木の茂るところを、鹿の群れがアザミやヤマヨモギの草を食《は》みながらうろうろしていた。ある満月の晩、頭から小さな枝角を生やした牡鹿が後肢を曲げてうちの裏庭に排便してから飛び跳ねていった。うちは取り憑かれていると私は思っていた。私は夜中に何度か、ベッドフレームをガタガタ言わせながら目を覚ました。こんなこともあった。私の身体をマットレスから持ち上げようとする目に見えない幽霊にはっとして目を覚ましたのだ。私はふわふわと漂ってゆかないようにシーツを握りしめた。

私はその頃とても孤独だったし、自分が本当にそこにいるという実感はなかった。私は自分がアートを制作しているとき、のちには詩を書き始めたときにようやくスポットが当たる気分になれた。そうすることで私は解放された気がした――私の身体は物質でなくなり、アイデンティティは脱ぎ捨てることができ、自分が他人の人生を生きることを想像できたのだから。私の読んだものはどれもこの自由を保証してくれた。ジョン・キーツは、詩人というのは「アイデンティティを持たず、絶えず誰かほかの人間の身体を借り、それを満たすのだ」と言っている。ロラン・バルトは『作者の死』の中で、「エクリチュールとは、われわれの主体が逃げ去ってしまう、あの中性的なもの、懇請的なもの、間接的なものであり、書いている肉体の自己同一性そのものをはじめとした、あらゆる自己同一性がそこでは失われることになる……」と述べている。[*4]

けれど、私が詩集を出版している詩人になったときに、何を書いていても、私は自分のアジア人女性としてのアイデンティティを棚上げにすることはできなかった。いくら私の身体を消し去っても、私の幽霊のような作家的アイデンティティが、私の声が読者に届く大きさと範囲の妨げとなってしまう。私の不可視性が私が神のようにふるまうのを可能にすると考えるとは、なんとナイーヴだったことか！　ウォルト・ホイットマンの「わたし（I）」には群衆《マルチチュード》がついているとしたら、私の「わたし（I）」にはこの国の五・六パーセントしかついていない。読者も教師も編集者も、言葉を尽くして私に向かって、私の心に真実と思えることを書きなさい、でもあなたはアジア人だからアジア人を主題にして書いた方が良いでしょうね、と言ってくれた。誰もアジア人のことなど気にしていないのにね。でも、どんな選択肢が私にあったのかしら。だって、私がたとえば「自然」について書いたとしても誰も気にも留めない——自然について書いているアジア人だね、ということになるから。

私はうすうす感じている。仮に読者が私の詩を読んでそれから私の名前を眺めると、私の詩のヒューズは飛んでしまうのだ——「この詩は気に入ったと思ったけど、よく考えてみると共感できないな」と読者は考えるからだ。だけどこのことについて、私はどんな証拠を持っていたの？　単純に私には才能が無いからなんだと、どうすれば理解できたのだろうか？　問題は私には理解できなかったことだ。どちらにせよ、私はにっちもさっちもゆかない状態にはまっていた。私はいつでも、自分の身体的なアイデンティティが問題だと考えていた。ところが、書くことで気づかされたのは、現在の自分自身をゼロにしても、私は自分自身から超然としていることもできないのだし、それは私をある種の絶望へと追い込んだ。

私はスタンダップをもっともっと観ることにした。コメディには、詩の中には見つけられない透明感があった。コメディアンは、自分たちにアイデンティティが無いなんて振りはできない。彼らは舞台にあがっているし、銃殺隊に面と向かいあうようなもので、レンガの壁を背にして立っている。隠れるところなどないから、新しい話題に移るかそのテーマを掘り下げる前に、彼らはまず自分たちのアイデンティティを認めざるをえない――「で、あんた方は俺が黒人だとわかってるかもしれないがね」。

コメディででたらめを言い続けるのもずいぶん難しい。でたらめじゃ聴衆が納得して笑わないからだ。本当の笑いとは、オーガズムのように吹き出してしまう不随意筋収縮なのだ。聴衆は驚いて笑うが、驚くのは一回こっきりだ。だから、情け容赦のないことに、コメディは現在だけの命だ。ジョークほどすぐに古びるものはほかにない。

コメディアンは聴衆を必要とするだけでなく、聴衆を心から欲しがる。うまく演じられないときでも、コメディアンが、聴衆の反応と不快感とを素材にしながらリールを巻くように聴衆を自分のパフォーマンスに引き寄せるのには魅せられたものだ。『ライヴ・イン・コンサート』の初めで、プライヤーは聴衆の人種的な構成に向かいあうだけでなく、白人聴衆をこんな風にして自分のショーの一部にしてしまう――聴衆が席に戻ってくる様子まで彼ら白人の自意識をちくりとやる道具に使って「ジーザスクライスト！　白人どもがあわてて戻ってくるところを見ろや！」

文学界もだいぶダイヴァーシティ化が広がってきたが、私がもっと若い頃は、バーであれ書店であれ大学であれ、ほとんどの場合白人の聴衆に向かって朗読をしたものだ。白人で占められた部屋が当たり前だったから、それに気づきさえしなかった。けれど、いったん気づくと、その部屋の白人性(whiteness)を実感するようになった。たとえば白のような中性的な背景色が出かけた先のどこでもトラフィックコーンのオレンジ色になったら、あなたは慢性的にストレスを感じ、あなたの心は塩をかけられたナメクジのように固まってしまうだろう。私の感じ方がそれだった。私は、どこに行っても、トラフィックコーンのオレンジ色なんて目に入りませんよ、という振りをする必要があった。

詩の朗読会は何の役にも立たなかった。ただ、お前は詩の世界で危ういほど面子を失いそうなんだぞ、と私に思い起こさせてくれただけだ。たぶん昔は朗読は一般の人にも不可欠な形態だったが、いまでは、使い古された教会の儀式を伴う、おそろしく退化したものと感じられた。儀式には、原稿に書いてある冗談、息づかいの聞こえる「詩人の声」、機械的なくすくす笑い、たまに聞こえるむむというようなずきの声、といったものが含まれていた。私は、詩にある癒やしの効果を称賛する詩人にわけしり顔で頷いていたが、心の中では彼らのサッカリンみたいに甘い感情に糖尿病ショックになりそうだった。最悪なのは私が自分に嘘をついていることだった。私は、「アーティストとしての高潔さを腐敗させるから聴衆の考えなど斥ける」というスタンスの詩人の一人だった。けれど、朗読会ではそれを無視することなどできなかった。私は、部屋を埋めている退屈した白人の聴衆のためにパフォーマンスをしたし、心の底から彼らに認めて欲しかったのだ。


私は聴衆に直接呼びかけることはしなかった。例外は、聴衆に感謝したうえで、読む詩はあと二篇だけですと保証するときだ。これは、自分たちの朗読が退屈な義務だということはわかっているという、ほとんどの詩人がするジェスチャーだ。スタンダップ・コメディアンがするやり方で白人聴衆に直接話しかけよう、とは私は考えもしなかった。たとえば、「このなかにラティーノはいるのかい？」と大声で叫んで、そのあと沈黙を少しばかり長引かせて「このなかに黒人はいるのかい？」と大声で叫ぶなんて芸は、私にはまるで浮かばなかったのだ。

私はいつでも、自分は部屋にいるたった一人のアジア人女性ではないという振りをしていた。アジア人女性が一人だとしたら、少なくとも私にとっては、空気が緊張で重くなってしまう――まるで私の身体がジョークに身構えているように、それも落ちをつけても緊張を和らげられないジョークに。だけど、なぜ緊張を和らげられないのだろうか？　私が自分のアジア人としてのアイデンティティについて書くはずだとおおかたの聴衆が予想しているなら、どうして私は「私はこの部屋でたった一人のアジア人です」と大声で言わないのだろうか？

私は朗読会で、詩を朗読する代わりにスタンダップを始めた。私は次の朗読をやるのが耐えがたかったのだ。なぜって、朗読会での屈辱は、まるで放射性物質のように何日間か私の肌に染みつくからだ。スタンダップなら自分に故意に屈辱を味わせるのだと私は考え、その方がどことなく毒っ気が少なく思えた。初めは、私はほかのコメディアンの使ったジョークを演じたが、それはコメディにおいては禁じ手だった。でも私は自分をこういって納得させた。私は実際にスタンダップをするのではなく、観念的な馬鹿げた行為をしているのだ、と。もっとも、やがて私は自分で考えたジョークを忍びこませるようになったし、そのうちに、私生活に材をとった自分のジョークだけを演じるまでに至った。私は、自叙伝型の詩人ではなかった。自分の生活をジョークとして書いていたという事実は、私の心の奥深くにあるマゾヒズムをさらけ出すことかもしれない。仮にみんなが私のジョークをつまらないと思っても、私は自分の生活についてのジョークを語りながら、心の中ではイベントをめちゃくちゃにしてやりたいと願っていた。それもど派手にだ。私は面目を失うまでへまをしたかったのだ。

私は、私個人の人種的トラウマについて書いていて気分が良くなることは一度もなかったが、これは人種的トラウマがはめ込まれる古くさい形態に満足できなかったせいだ。告白調の叙事詩はふさわしくないと感じたが、これはそこでは私の苦痛が選別されたものであり、例外的で、芝居がかっているると思えたからだ。私の生活なんぞそれよりずっと平凡陳腐なものだもの。私はまた伝統的なリアリスティックな語り口のフィクションも書けなかったが、これは私の思いを人類学的な経験めがけて射出成形したくなかったせいだ。そういったフィクションに仕立てたら、読者は読んだあとで「韓国人の生活ってほんと胸が張り裂ける生活だわ」とでも言うのだろう。

だけど、プライヤーを観て、そしてオーディオやフィルムに残っているパフォーマンスをはしから文字に起こしたあとになると、私はアジア人であることについて率直に書くやり方を見つけたと思った。もっとも、朗読会でルーチンとしていたスタンダップは長くは続かなかった。最初のパフォーマンスのあとは聴衆は全員が騒々しく笑ったし、とてもスリリングだったけど、普通は聴衆は混乱していた。イベントの進行役は、なぜスタンダップをするのかという私の言い逃れに当惑していたし、聴衆もあやふやな笑い声をあげるか、まるで私がお漏らしでもしたかのように私を見つめるかしかなかった。ブルックリンのウィリアムズバーグにコキーズというバーがあったが、そこではジュークボックスの脇で二〇ドル出せばコカインが買えた。二〇代の私は友だちと何回か出かけた。パッケを一つ買う。カーテンで仕切られた場所で誰とも知らぬ客と一緒に、不可解なくぼみがついている家のキーを使って鼻から吸い込んだ。ある晩、二人のドミニカ人の巨漢がじっと私を眺めてからこう言った。「これまでアジア人の女が実際に吸ってるのを、俺は見たことなかったぜ」。

私はこの話をジョークにした。別の機会には、南部白人の女性ジャーナリストが私に「中国人と韓国人と日本人の実際の違いって何なの？」と訊ねてきた際に彼女に返した答えをジョークにした。私のジョークたるやどれもひどいものだったし、話し方もぶざまという表現が関の山だった。私が実験し、探し求めていたのは、その当時の文学界を混乱させていた「世間体政治《リスペクタビリティ》」を貫通するような体系だった。世間体政治ではこうなる。有色人種のライターは詩においても、顔を合わせたときでも、お行儀良く振る舞わねばならない。白人が彼らの人種に絡む《レイシャライズド》経験に共感できるほど気分が良くなるように、つねに優雅かつ感謝の念を持って行動しなければならない……。私にはどうしても忘れられないことがある。有色人種の受賞歴もある詩人がQ＆Aの時間にこう語ったのだ。「人種について書きたいなら、礼儀正しく書かなきゃいけません。そうすればみんなが耳を傾けてくれるからです」。

「文学は文化の違いに橋をかける」ものとされている。出版業界の不公平な実態をひとたび理解すると、嘘くさい格言になってしまったが。出版社はエスニックな物語を、チママンダ・ンゴズィ・アディーチェの生み出した概念では「シングル・ストーリー」として扱う。彼女の定義ではこうだ。「シングル・ストーリーを創り、人々に一つのもの、たった一つのものとして、何度も何度も示す。そうするとそのとおりだとなるのです」（二〇〇九年のアディーチェのTEDトーク "The danger of a single story" から）。ライターのマシュー・セレセスは、二〇一五年、日刊のウェブサイトLit Hubで詳しく論じている。それによると、出版業界はシングル・ストーリーを次の二つの方法で始めるのだ。①出版社はたった一人の中国系アメリカ人の本を出版する割り当てを持っている。そして、②中国系の書き手が複数いるとしても、彼らは中国系アメリカ人の経験についての「マーケットテスト」を経た同じ物語を反復しなければならない。

　このあたりは私がこの本を書いているあいだにも変化している。詩の世界はルネサンスを迎えていて、最もわくわくさせられる詩人の中に有色人種の詩人がたくさんいるし、しかるべき名声を博している。同じことはフィクションにも起きているが、こちらのジャンルには私はいくぶん懐疑的だ。出版業界の八六パーセントはまだ白人だし、フィクションの方が市場の気まぐれに敏感だからだ。詩人のプラギータ・シャーマは次のように語っている。アメリカ人は、悲しみに対して賞味期限があるように、人種に対しても賞味期限を設けるのだし、アメリカ人はどこかの時点であなた方が賞味期限切れとなるのを期待する、と。しかし、私は懐疑的であると同時に、私たちがこの好機をつかまえてアメリカ文学を完全に変えてしまうことを願っている。私たちのアイデンティティをオートメーションで生産してきた、古めかしいエスニックのナラティヴをオーバーホールしてしまおう。そのナラティヴは私たちの人生を白人聴衆の趣味にかなうものにしたが、私たちが生きている現実から私たちの人生を遠ざけてしまうから。そして、オーバーホールとともに、私たちには与えられたものにすぎないアルファベットを使って自分たちのことを詳しく説明するのはやめにしよう。

この二〇年間、ごく最近までだが、ジュンパ・ラヒリの物語は、従順であくせく働くアジア系アメリカ人移民のファンタジーを裏づける、エスニックのナラティヴのテンプレートだった。責任は、私が読者を夢中にさせるストーリーテラーだと考えているラヒリ本人にはない。責任は、ラヒリの著作を移民の人生についての「シングル・ストーリー」と位置づけていた出版業界にある。文化的な違いへの白人の嗜好を満足させる、慰めとなるエスニックな小道具をたっぷり使っているだけでなく、ラヒリは平坦で抑制された散文で書いている。そこではラヒリの登場人物はけっして考えたり感じたりせず、ただ「行動する」のだ。「私は……銀行口座を開いた。私書箱を借りた。ウールワースでプラスチックのボウルとスプーンとを買った」。彼女の登場人物はいつでも過小評価されているし内面のことは避けている――それが、ジェーン・フーが『ザ・ニューヨーカー』誌に書いているように、読者にアジア人性を合図するまことに典型的な文学的効果となっている。ちなみにインド系のラヒリの作品だが、アジア人性は、南アジア人性より東アジア人性に思える。

ラヒリの『三度目で最後の大陸』(*The Third and Final Continent*, 1999) という短編の中で、主人公はカルカッタ(現コルコタ)からボストンへと移り、彼がまるで子どもであるように彼に恩着せがましい態度で接する白人の老婦人と暮らしている。彼女の古風で奇妙なレイシズムにも平静を保っている主人公は、だんだん彼女のことが好きになり、二人は暗黙のうちの文化的な理解に達する。あとになって彼の妻がボストンにやってきて一緒になる。二人はいともたやすく同化《アシミレート》する――「僕らはいまじゃアメリカ市民なんだ」――そして彼の息子は成長してハーバード大学に進む。

ラヒリのフィクションのかなりがMFA(芸術学修士)プログラムの「見せよ、語るな」という金科玉条《オーソドクシー》に則っている。これによって読者は――スーザン・ソンタグの言葉を借りれば――登場人物の苦しみと「同じ地図に」自分たちの特権をマークすることなしに、登場人物の苦しみを追体験できる。登場人物の心のうちは空《から》にされているから、読者は彼や彼女の意識のコックピットの陰まで立ち入ることができるし、ひっきりなしに個人的な見解が客観的な事実に差し挟まれることもなく、登場人物の眺めるものを映画的に眺めることもできるのだ。

エスニックな文芸作品はいつでもヒューマニストの作品であったし、そのなかで非白人のライターは自分が痛みを感じる人間であることを証明しなければならない。いったい次のような将来は来るのだろうか？　文字になっている「私」は単純に文字になっている「私」であり、全体としてのエスニシティ・グループの代理人としてあなた方に私たちも痛みを感じる人間であることを信じてくれるよう懇願する「私」ではない……そんな将来がだ。われ思わず、ゆえにわれあり――われ痛む、ゆえにわれあり。ゆえに、私の本は痛みを尺度にしてグレードづけしてある。仮に二点ならわざわざ語る必要はないだろうし、仮に一〇点ならば私の本はベストセラーになるんじゃないかしら。

もちろん、有色人種のライターは人種的トラウマの物語を書かなければならないが、あまりにも長いあいだ私たちの物語は白人の想像力によって形作られてきた。出版社は著者にトラウマを自分独自のものとするよう期待する。例外的な家族だの歴史的な悲劇だのが登場人物を試練に遭わすが、やがて自己肯定の啓示を受けるというわけだ。アジア系アメリカ人の小説には、書き手が、遠い母国や孤島のようなアジア人家族にトラウマのもとを設定するものが多い。そうやって彼らの苦しみが、アメリカ帝国主義の地政学やアメリカ国内のレイシズムへの叱責にはならないようにするのだ。彼らの苦しみを引き起こす遠いところにある要因――アジアの家父長的な父親だの、その頃に遡って登場する白人だの――は、十分遠いところにあるから、読者を含めて誰の責任も追及しないで済む。

詩人で小説家のオーシャン・ヴォンは、そもそもからして人間の回復力を具現化した存在だった。批評をする者は、ヴォンの伝記的要素を引き合いに出す機会を絶対に見逃さない。ヴォンは一九八八年にベトナムの稲作農家に生まれた。一家はベトナム戦争後に難民としてコネチカット州に移住した。彼の母親が、アメリカで新しいスタートを切れるようにと、ヴォンの名前の方を大洋《オーシャン》と変えた。ヴォンは一一歳になるまで読むことができなかった。それだから、彼が神童になり受賞した詩人になったのが、なおいっそう奇跡的なことになる。

私は二〇一六年の彼のデビュー詩集“*Night Sky with Exit Wounds*”がたいそう気に入っていていくつ

かの詩のワークショップでテキストに使っている。その詩集ではかなりの部分が、彼のクイアな願望が子どもの頃に堪え忍んだ父親からの暴力にどんなふうに由来しているかを扱っている。父親についての詩でヴオンはこう記す。

……無駄なことだ、父を仰向けにする、
その顔を見る、大聖堂が
海のように黒い眼に映っている、僕の顔じゃない
でもこの顔を着けて

すべての恋人たちにお休みのキスをすることになるんだな

彼の父親の生気の無い目にヴオンが見るのは、父系につながっている植民地主義と戦争の廃墟だ。彼は、父親と父親の国の過去の暴力とに、エロチックに同一視《アイデンティフィケーション》している。それで、見知らぬ者との野獣のようなセックスを通じて、繰り返し繰り返しその同一視を埋め合わせようとする。

ヴオンの最近のデビュー小説『地上で僕らはつかの間きらめく』(*On Earth We're Briefly Gorgeous*, 2019)への一般の受け止め方は、彼のアイデンティティの交錯する複雑さへの微妙な反応だった。その反応は変化する兆しを見せてはいるのだが。もっとも、二〇一九年になってさえ、メディアのほとんどは、私たちの悲劇的なベトナム難民のイメージにそぐわないというので、ヴオンのクイアとしてのアイデ

ンティティを無視したものだ。何回ものインタビューで、ヴオンは、難民の貧窮というショッキングな体験と、詩の中に発見した救済とを復唱《リハース》するよう依頼されたものだ。ヴオンはいまや一般の人間に安堵を与えている——彼は悲しみのリブレットを歌ってきただけでなくそのリブレットを生き抜いてきたからこそ、彼の詩と伝記的要素が融け合って、「個人の勝利」というまさにアメリカの神話となっているのだから。

リチャード・プライヤーは、アメリカ人は長いあいだ黒人の肉体が苦痛にさらされるのを楽しんできたということを十分弁《わきま》えていて、彼のトラウマをジョークに仕立てる。『ザ・ニューヨーカー』誌でプライヤーのプロフィールを記したヒルトン・アルスは、黒人の体験を褒めそやす「シングル・ストーリー」の現象についてこう評している。

黒人というテーマは、アメリカの思想においてずっと、奇妙で満足できない行程を辿ってきた。第一に、黒人はたいていの場合、白人の聴衆に聞いてもらうためには、自分の言動の真意を説明しなければならない。第二に、語るべきものとしてただ一つの物語——リベラルの罪悪感を刺激する抑圧の物語——しかないと、ほとんどの場合見なされてきたのだ。

しかし、プライヤーが自身のトラウマ——子ども時代に受けた殴打、心臓発作で死にかけたときの同時中継——を告白するとき、彼は笑いを期待している聴衆にどんな懐疑的な反応を引き起こすだろうか？　彼の物語は惨憺たるものだし、私は笑いながら涙にくれてしまう。プライヤーは、『ライブ・イン・コンサート』の中で彼自身の心臓を擬人化してみせる。「息をするんじゃねえよ」と心臓が容赦ないいじめっ子の口ぶりで言う。「死にかけていると考えてるな……あれだけあったポークを平らげたときにゃ考えもしなかったのによ！」心臓が彼をあざけっているあいだに、舞台の上で身もだえしながら、プライヤーは膝を落とし、ついで仰向けに倒れるが、そうこうするうちに心臓は――プライヤーの監察官《インナーコップ》の役割を果たしながら――彼を屈服させるまでビートし、死にかけるまでビートする。私たち聴衆は力なく笑うだけだ。

プライヤーのジョークでは、コメディは奴隷船のうえで生まれたんだぜ、ということだった。「お前はついていない一日だと思ったな？　俺は昨日は王様だったんだぞ！」研究者のグレンダ・カーピオはこう述べている[*5]。プライヤーは「黒人のユーモアを表に出した……不公正で残酷なことを笑いのめそうとやっと手に入れた自由として始まったユーモアだった」。

ユーモアは、必要なものであった奴隷制からの心理的な距離を生み出すので、生き残りの一つの形態であった。ユーモアはまた、地下世界への秘密の暗号だった。その地下世界では、白人の奴隷所有者《マスター》はその世界の外にいただけでなく、嘲りの対象でもあった。ラルフ・エリソンは、エッセイ『笑いの放縦』（*Extravagance of Laughter*, 1985）の中でこう記している。白人が黒人の笑いを耳にすると、彼らは「内容はわからぬながらもあてこすられたという漠とした当惑」を抱えさせられるのだ、と。

どこかのスモールタウンで、南部白人が黒人の笑いに脅かされたので、町の広場に樽を置いた。黒人は笑いたくなると、笑いを抑えるために樽の中に首を突っこまねばならなかった。エリソンがエッセイの中で披露しているこの話は作り話めいて聞こえるが、二〇一五年に、一名だけ白人が一緒だったが一〇名の黒人女性がブッククラブで北カリフォルニアのワイナリーを年代物の列車で回るツアーに参加した。楽しく過ごしていたが、ある駅で警察官たちがなだれこんできて彼女らを列車から追い出した――あんまり大声で笑いすぎるという苦情があったためだ。

この出来事が #laughingwhileblack というハッシュタグを誕生させた［while black は driving while intoxicated（酒気帯び運転）にかけた人種差別的な driving while black から来ている。本書六四－六五頁を参照］。

カーピオは、プライヤーこそ内輪の黒人のユーモアを白人聴衆にさらけだした最初のコメディアンだとしている。たくさんのアフリカ系アメリカ人が、初めてプライヤーを聞いた際に受けた、（メルヴィルの語を借りれば）「認識の衝撃」について感想を述べながら、カーピオの観察に賛同している。彼らは、プライヤーが誰かの代弁をしているわけではないので「認識の衝撃」を覚えたのだろう。舞台ではプライヤーはびくびくし、けんか腰で、ヒステリカルで、自滅を自慢する。そればかりか、プライヤーは白人女性への欲望を見せびらかすことで、歴史的に深いものである異人種混交《ミスジネーション》のタブーをこじ開ける。たとえば、白人の愛人と黒人の愛人の比較をするけど、プライヤーはやって良いステレオタイプと動揺を誘うステレオタイプのあいだでルールには従っている。

白人女と黒人女のあいだには実際違いがあるぜ。俺はどっちともデートしたがね……黒人女のプッシーをなめてやるとこんな風に言うんだ。「待ってよ、ニガー、こんちくしょう。もうちょっと左だよ、ゲス野郎《マザーファッカー》」「そのゲス野郎を吸うんだよ、ひざまずきな」。白人女をファックすれば、連中はいけないときにゃこう言うんだ。「オーライ。あたしはここに寝ててバイブレーターを使うから」。

韓国系アメリカ人女性として、私は自分を、プライヤーの黒人／白人の二元論のどこに位置づけているのか？　束の間、私は白人を嗤《わら》い、黒人の怒りを自分のものであるかのように感じるのだが、そのすぐあとでは、自分が白人と同類であることを理解するのだから。私はプライヤーが白人女性と黒人女性のあいだのセックスの違いについて深掘りすると、さらに落ち着かない気分になる。私が白人でも黒人でもないから――それだから戯画化されたり、あるいはモノ扱いされるというひりひりする痛みを免れているのだが――私は笑ったのだろうか？　私は白人女性あるいは黒人女性に代わって気分を害するべきなのだろうか？

　プライヤーのモノローグは、セクシストのステレオタイプを永続させる代物で、黒人女性は積極的で男まさり、対して白人女性は受け身できわめて女っぽい。一方、プライヤー自身のことは受賞歴のある男ざかりの黒人男性と自認する。もっとも、こうした決まり文句《トロープ》もまた、ちょっとばかり複雑なダイナミクスを曲げて伝えるものだ。そのダイナミクスにおいては、プライヤーは、黒人女性が彼のたわ言を我慢できないというので密《ひそ》かなあこがれを持っているし、彼に向けての白人女性の受け身はきわめて女っぽいからではなく、ヒルトン・アルスの評するところでは白人の罪悪感《ホワイト・ギルト》ゆえであると暗黙の裡《うち》に認めているのだ。結局プライヤーは、黒人であれ白人であれどんな女でもなかなか満足させられないと認めて、自らを嘲りの対象とする。私が突然笑うのを止めて考えたのはまさにその時点だった――これって、プライヤーが、マチズモの黒人男性が着るパワードスーツのファスナーを開けて自分の恥をさらけだしてるってことよね。

最初にプライヤーを観たときに私も「認識の衝撃」を覚えたというのも不思議かもしれない。だけど、プライヤーを観て、朝鮮人に特有の心的状態を思い起こしたのだ。恨《ハン》だ。長年にわたる野蛮な植民地主義や戦争、いまだ政治的な補償がなされていないアメリカがうしろ楯の独裁政治などによって蓄積された、苦しみ、もの悲しさ、恥、メランコリー、復讐心の混じったものである。恨《ハン》はまさに進行中のものだから、次の世代にも伝えられる。朝鮮人であることは恨《ハン》の感情を持つことだ。

プライヤーの怒りと絶望とは、印象の連鎖のうちそとを漂っている。彼が「俺は白人じゃなく黒人でよかったよ。あんたがた白人は、月に行かなきゃなんないからな」と語ると、私が笑うのをやめたあとでも、彼のメランコリーはいつまでも残る。そのメランコリーが彼に世界をくっきりと見せているのだ。アンリ・ベルクソンはこう記している。ユーモアは崇高なものと相容れないから、神を信じず完全に人間的なものだ、それによって超越するのでなく己が入っている皮膚を鋭く意識させられるのだから、と。言葉を換えれば、プライヤーは「つねに誰かの身体を満たし続ける」が、アイデンティティを持たぬキーツの詩人像（「絶えず誰かほかの人間の身体を借り、それを満たすのだ」）とは異なり、彼はいつでもほかの人物たちを「黒人なのに《ホワイル・ブラック》」霊媒者のように導いている。

私はプライヤーのなかに、「マイナーな感情」と呼んでいるものをはき出す人物を見出している。「マイナーな感情」とは、人種によって惹起《レイシャライズド》される感情の幅を指す——ネガティヴで、不機嫌で、それゆえテレビ向きじゃないのだが、毎日人種がらみの経験をして心におりが溜まることや、現実認識がしょっちゅう疑問にさらされたり斥けられたりしていらいらが生じることから来る感情なのだ。マイナーな感情は、たとえば軽視されると、ただちにむくっと首をもたげる――人種がらみだとわかっていながら、「えっ、気のせいだよ」と言われたりすればね。マイナーな感情を研究した本としては、クローディア・ランキンの現代の古典と言える『市民――アメリカの叙情詩』（*Citizen: An American Lyric*, 2014）が挙げられる。レイシスト的な発言を聞いて、朗読者たるランキンは自問する。「私は何を言ったのかしら？」彼女は見たものそのまま、聞いたものそのままを受け止める。だけど、彼女にとっての現実があまりにも始終軽視されると、自分で自分の感覚を疑い始める。感覚をあまりにも無価値なものとされると、パラノイアや恥、苛立ちやメランコリーといったマイナーな感情が生じるのだ。

サバイバルと自己決定を強調する元型《アーカティピカル》的なナラティヴにそぐわないというので、マイナーな感情が現代アメリカ文学に登場することは多くない。ビルドゥングスロマンの構成原理とは異なり、マイナーな感情は大きな変化からでなく、変化のなさ――とりわけ構造的な人種的、経済的変化のなさ――から生まれるのだ。人種的トラウマを個人の「成長」のためのドラマチックな舞台として使うのでなく、「マイナーな感情」の文学は、個人を定位置に据え置く人種主義的・資本主義的体制のもたらすトラウマを探索するのだ。「マイナーな感情」の文学では、「黒人なのに《ホワイル・ブラック》」テニスをし、「黒人なのに《ホワイル・ブラック》」外食に出かける。「マイナーな感情」の文学では、次々と証言がなされても、陪審からは結局同じ評決しか下されない。クローディア・ランキンは、『市民――アメリカの叙情詩』の本文の最後に付けた長大な名前のリストにもう一人加えているが、それは警官に殺害された黒人市民の名前だった。ランキンの行為は、記憶にとどめることの意味と、変化はそう速やかにはもたらされないという事実とを、共に肯《うべな》っているのだ。

私の「マイナーな感情」というタームは、文化理論家のシアン・ンガイ（中国系アメリカ人二世）に負うところが大きい。著作は『醜い感情』（*Ugly Feelings*, 2005）だが、彼女は「醜い感情」の情緒的な資質、ネガティヴな情動について包括的に著した。羨望、苛立ち、退屈といったネガティヴな情動は、今日《こんにち》の後期資本主義ギグエコノミーの兆候である。「醜い感情」と同じように、「マイナーな感情」は「持続への並外れた能力」を伴った「カタルシスを得られない精神状態」である。

マイナーな感情はアメリカのオプティミズムがあなたに強要されたときに生じるが、そのオプティミズムはあなた自身の人種がらみ《レイシャライズド》の現実とは矛盾し、それゆえに認識上の不協和を生じる。あなたは状況が変わらないと考えているのに「はるかにはるかに良くなっているよ」と言われる。あなたは自分が社会的落伍者だと考えているのに「アジア系アメリカ人の成功はめざましい」と言われる。この種のオプティミズムが誤った期待を押しつけるので、不快な感情はいやましてゆく。二〇一七年のある調査では、アメリカをフェアな実力主義《メリトクラシー》社会とするイデオロギーが、低収入の黒人および褐色人種の小学六年生のあいだで自己懐疑と行動障害の増加を引き起こしている。その理由は、いみじくもある教師が言ったとおり「あの子たちは自分でコントロールできない問題で自分を責めているんです」。「マイナーな感情」とは、私たちが頑固であろうと決心した場合——言葉を換えれば率直になろうと決心したとき——に、そうした感情を持つのは芳しくないねと糾弾される感情である。「マイナーな感情」が最終的に外在化されたら、敵対的で、感謝の念を持たず、嫉妬深く、鬱陶しく、好戦的と解釈される。それこそ、白人側が調和を欠く《アウトオブライン》と見なす人種によって特徴づけられる《レイシャライズド》振る舞い……そこに起因する情動だと解釈されるのだ。私たちの感情は過剰反応だ。なぜって、構造的な不公平についての「生きられた経験」は、押し寄せてくる現実と釣り合っているわけではないからだ。

「マイナーな感情」の文学では、その場で感情を吐露するわけではない。累積的なものである。変化は、心の揺れ動き、あるいは変身するペルソナで測られる。「マイナーな感情」は進行形のものだから、それ自体がシリーズものである形態やジャンルにはうまく適応できる。たとえばグラフィックノヴェル（ヘルナンデス三兄弟、エイドリアン・トミネ）やシリアルポエム（ワンダ・コールマン、ソルマズ・シャリフ、トミー・ピコ）、エピソードをまじえたポエティックエッセイ（バーヌ・カピール、クローディア・ランキン）といったところだが、もっと盛んなものにフィクション（ポール・ビーティー、リン・マー）がある。フィリップ・ロスやカール・オーヴェ・クナウスゴールなどのありのままのペルソナをさらけ出す本を書いてきた白人男性作家は、伝統的に名士扱いされてきた。まるで読者は、白人男性作家の行状が悪いことを楽しんでいるようだが、その読者が、マイノリティの作家はつねに善良でなければならないと要求している。それがあって、白人の感情を守るために、私たちは「マイナーな感情」は脇に寄せておくのだ。

私はロサンゼルスのコリアタウンで生まれ、ウエストサイドに引っ越すまでそこで育った。引っ越したあとでさえ、わが一家の交流相手は、社交的にもビジネスの面でもコリアタウンにいた。私の父が働いていたのもそこだったし、私たちが教会に通ったのもそこだったし、一家のかかりつけのお医者さんも、食料品店も、美容院も、鍼師もコリアタウンだった。ウエストサイドは私にとってホームではなかった。当たり前だと感じていたのでコリアタウンの方が私にとってホームだった。なじみが深すぎた。仮にコリアタウンを描写するのに異彩を放つ特徴を探そうと試みるとしたら、私の心はコリアタウンのストリップモールや電柱といったものが並ぶ、フラットで樹木の植わっていない土地《トポグラフィー》のうえを、妨げるものなく滑空してゆく。

現在ではコリアタウンは「ジェントリフィケーション」(gentrification)が進んでいるが、以前は白人は犯罪がこわいためにその一画を避けていた。韓国人とラティーノ以外に見るものはないもの、観光客を惹きつけるエスニックな魅力もないんだもの、というわけだ。ハングルの看板も、レゴみたいで、柔らかみのない、直線ばかりに見える。低い建物ばかりの街なみを車や人の行き来が圧倒しているが、通りには焼き肉店、サウナ、教会と並んでいる。教会のサンセリフ体の十字は家並みの上で、衛星アンテナのように暗い影となっている。仮に私が「マイナーな感情」を音で描写するなら、コリアタウンで車がビューッと走り、人間がそばを通りすぎてゆく際の「ホワイトノイズ」になるだろうし、その音でいっそう私はもの悲しくなったものだ。いまの私は、コリアタウンの日常を擁護しているが、なぜかといえばそこが私の出身地だからだ。だけど私たちの一家は早い時期に引っ越したし、そのためにコリアタウンは私のものだと言い切るのには疑問符がつく。一九九二年のロサンゼルス暴動が起きたときには、わが家はコリアタウンから離れた場所に住んでいたのだ。

私の父は結局成功者になったのだが、わが家は例外だった。私が一緒に育ったどこの家族も悪戦苦闘していた。小さな事業は破綻したし、家族は破産した。私が知っているほとんどどこの家族でも、離婚、精神の病、アル中に苦しんでいた。ニコラス・クリストフが二〇一五年に、私たちに経済的な「アジア人のアドヴァンテージ」を与える健全なアジア人家庭の価値観について勇ましいオプエドを書いたときには、いらいらさせられた。彼も私の現実について「ガスライティング」(gasligting)をしてくれた、もう一人の白人の「権威」だったから。

コリアタウンでの家族のかかりつけの歯科医で私の父の親友は、鼻にかかったプサンなまりの痩せた細面の人だった。彼はけっして十分なノヴォカインを使わなかったし、ドリルを滑らしてかなりの時間歯茎に突っこんできたので、私は彼のことを考えるたびに尻込みをしてしまった。私が片側顔面痙攣になったとき、先生は治してあげるよと言った。医学教科書をぱらぱらとめくってから私に、自動車事故に巻きこまれたことがあるかと訊ねてきた。その事故で背中に脱臼があるというのだ。

「いいえ、ありません」

「絶対あるはずだよ！」

先生はひどいアル中で死んだ。最初の奥さんとは離婚したが、財産を全部搾り取られたので、診療所を売らなければならなかった。二番目の妻はたった一週間で離婚した。最後には看護師と三番目の結婚をしたが、彼女の成人になっている連れ子たちを家の中に入れなかった。狭量で嫉妬深い男だったのだ。肝臓癌の診断を下されたあとも先生はアルコールをやめなかった。三番目の奥さんは死ぬまで看護をした。それだけ献身したのに、遺されたのはやまほどの借金だった。

もう一人の父の友だちは、メンズサウナを持っていたし、階段の吹き抜けは韓国人の靴磨きに貸していた。二〇〇八年には住宅危機が起こり、彼は蓄えのすべてを失った。彼は靴磨きの賃料を上げた。靴磨きがそんな賃料は払えないと懇願したが彼は拒絶した。ある日靴磨きは事務所にサウナのオーナーを訪ねて、彼を射殺した。

酒屋やコインランドリーの店を開けなきゃと、サウスセントラルでフロンティアの開拓民のように宿営した韓国人家族を、私は一つも知らないですんだ。一九九二年四月から五月にかけてのロサンゼルス暴動で出た火の手が、サウスセントラルの北側からコリアタウンへと広がっていったときにも、私の一家の住んでいたウエストサイドでは、巻き上がる煙も見なかったし、警察のヘリのかすかな振動も聞かなかった。あとになってのコリアタウンの焼け焦げた廃墟は思い出せるが、ほとんどの記憶はニュースに次々と出てくる暴動の光景で、スーパーマーケットの屋根で銃を持って自衛に立っているところとか、自分の店で一五歳のラターシャ・ハーリンズを射殺した廉《かど》での刑の宣告を待つ法廷でのスンジャ・トゥの姿などが流れた。ハーリンズ事件そのものは、警察がロドニー・キングを殴打した件で無罪を宣告されたよりずいぶん前に起きていたのだが、それがまだくすぶっていて、黒人側の怒りに火に油を注いで暴動となった［時系列では、ハーリンズ事件そのものは一九九一年三月一六日で、判決が一九九二年四月一二日、キング事件そのものも同年三月三日で、評決が四月二九日。ハーリング事件およびその判決とロサンゼルス暴動との直接的な関わりを過大に評価するのは慎むべきという意見もある］。

私は、スンジャ・トゥに社会奉仕という軽い判決が出たことを恥ずかしく思う。私は盗みを働くんじゃないかと思って黒人客のあとをつけまわす店員たちのことを恥ずかしく思う。店員たちは、もっと一生懸命になって自ら選んだ地域との関わりあいを持とうとしなかったのだもの。私はあそこの韓国人コミュニティにある反黒人のレイシズムを恥ずかしく思う。だからこそ私は、アジア人はレイシズムの犠牲者であり、かつ加害者でもあるとつねに強調しなければならないのだ。ただし、被害と加害というそうした図式化でさえ大ざっぱに過ぎようが。

私は、黒人や褐色人種よりもアドヴァンテージを与えられている集団の一員だ。たとえば、アジア系アメリカ人は黒人が被ってきたほどには「レッドライニング」(redlining)の不正に苦しめられてこなかった。そもそも韓国系移民が銀行ローンを組むことができて、サウスセントラルで小事業主になれたのは、そのおかげだ。私は、韓国系移民が、黒人と白人の十字砲火を浴びせられているイノセントな傍観者だという振りはできない。彼らはアフリカ系アメリカ人で金儲けをしようとしたのだし、その結果として、私の家族もそうだったが、最後には階級上昇を果たして、白人のあいだで住むために引っ越したのだ。けれど、暴動を理解するためには、複数の真実をバランスをとって捉える必要もあるのだ。ロサンゼルス暴動へとつながる長い導火線として次のような黒人の歴史があった――住宅地域隔離、製造業の職種のアウトソーシング化、連邦政府による公共事業からの締め出し。それだから私は、メディアが韓国人の商人たちを黒人の怒りの原因だとしてご都合主義的にスケープゴートにするので狼狽したのだ。だいいち商人たちは貧困すれすれのところで生活していたのだ。のみならず、友情も育まれたし、文化の架け橋もできていたのだ。韓国人の店員たちは地区のバーベキューの会を開いて黒人をもてなしていたし、義理堅い黒人のおとくいさんたちが、略奪者たちがやってくるからいますぐ逃げなきゃダメだよと警告を伝えながら、韓国人を助けに駆けつけたりしたのだ。

私はほんの短い期間スタンダップの実験をしたあとで、一九九二年春のあの週のあいだの私の故郷コリアタウンについての小説を書こうとした。しかし最初の数章の草稿を書いたところで、教養小説の罠にはまってしまった。十分な時間と調査をすれば、私はその小説を完成していたかもしれない。けれど私は、思春期の娘――むろん十分な知識がないのだ、だって私が十分な知識が無かったんだもの――の口を借りることに窮屈な感じがしていた。あの頃の私はとにかく若すぎたのだ。あれは私を通り過ぎたというより、私のまわりにうずまく危機だった。とはいうものの、あの暴動は、この国が失敗した（人種のるつぼならぬ）人種関係のるつぼとして私の良心にずっと影響を及ぼしている。仮に私が実際には巻き込まれていなかったとしても、現在の私はあの頃を、半分半分だが罪悪感と憤りを持って見ている。いずれにせよ私は、あの暴動を、ナラティヴとしては納得させられるものに仕立て上げられなかった。警官に無罪判決が出たことへの黒人社会の絶望も、木箱の上に載って略奪者たちが彼女の店に入るのを妨げながら「ここはアメリカよ」と叫んでいる狂乱状態の韓国人女性のことさえも、フィクションにするには自分の中で消化していなかった。それだけのことだった。

私はマゾヒストであるのと同じ程度にサディストである。それだから私はスタンダップに惹かれたのだ。仮に私が恥をかくつもりなら、私は聴衆にも私のためにばつの悪い思いをして欲しい。ばつが悪いので心臓が飛びでるくらいに。人種について書く正直な方法を探求しているなかで、私は苦しめられている人間を慰めたいと願ったが、それ以上に、苦痛のない人間を苦しめてやりたいと願った。そうした連中は恥で身悶えさせてやりたかった――おそらく私が苦痛のない人間に自分を過度に同一視しているからだ。ただ私には、この探求のおかげと示せるものは、失敗した表現形態の痕跡しかないけど。

四月一九日に、ある母親の一八歳の息子が、警察が何もしてくれないというのでコリアタウンの自警団の助太刀に行ってしまった。彼女は息子に、炎と略奪のなかに飛び込んでいってはダメよと言った。すると息子は言った。「母さん、母さんみたいな人間ばかりだから僕たち韓国人はやっつけられるんだよ」。その晩、息子は帰ってこなかった。翌朝になると、年下の娘が泣いていた。彼女は「兄さんは死んだと思うわ」と言いながら『コリアタイムズ』紙の朝版を見せた。そこには不鮮明なモノクロ写真が載っていて、男性が地面に倒れて死んでいた。その記事の報じるところでは、略奪者と間違えて商店主がその男性を撃ってしまったのだ。その男性は息子に似ていたが、母親は決めていた。いいや、息子のはずがない。息子だったら昨日の晩は白いシャツを着ていたのに、その男性は黒いシャツを着ているもの。それでも彼女は死体安置所を訪ねてみたが、息子の身元に適合する死体はなかった。あとになって彼女は同じ写真を再度見た。ただし今回は『ロサンゼルスタイムズ』紙が再掲したものでフルカラーだった。ショックを受けながらも彼女は、その男性が息子であることを理解した。その男性の着ていたシャツは黒いシャツでなく、血に浸されていたのだ。

ロサンゼルス暴動での死亡者数六三名中、韓国人の死亡はただ一人だった。全体的な破壊を考えると、とりわけその死が偶発的なものであり、しかもまさに韓国人の手にかかってであったことを考えると、不人情のようだが、私にはそれがとてつもない数字とは思えない。そのうちに、店が焼け落ちた女性たちのインタビューを収めたデシル・キム゠ギブソン、クリスティン・キム演出のドキュメンタリー『サイグ』(*Sa-I-Gu: From Korean Women's Perspectives*, 1993)の中で、そのときの母親が語るのを聞いた。「私の息子を殺したのは特定の個人ではないわ」とジュンヒ・リが述べる。「何かが根本的に間違っているのよ」。インタビューで次々と女性たちは、見捨てられていると話す。彼女らを観ていて、私はまたも「認識の衝撃」を経験した。彼女らは私のおばたちに似ている。彼女らの痛みは何世紀も前からのものだ。彼女らは母国において権力の闇の力の犠牲者だったし、アメリカに来てすぐに、やはりそれがあるんだと思った。彼女らは憤っていたが、同時に、誰一人として彼女らの憤りに耳を貸さないことに警戒心とあきらめを見せている。年配のお祖母さんがこう語った。「あたしは抗議の自殺をしたいですよ」。彼女らは、その時点でメディアが報じていた黒人や褐色人種の略奪者のことを責めていない。そうでなく、彼女らの被った損失をもっと大きな問題の一部と捉えていた。「この国には大きな欠点《ホール》があるわね」。

暴動のあと、三万人の韓国人移民が、失われた生計の手段の補償《レパレーションズ》を求めて行進したが、商店主たちは回復できなかった。連邦政府は、州による救済もないまま彼らを見捨てたので、彼らは貧困とＰＴＳＤに苦しんだ。アメリカを出ていった者もいた。「インナーシティ」を修復しようとする、民間セクターが支援するRebuild LAのキャンペーンも何の成果も生まなかった。サウスセントラル地区は放置され、職の見込みも病院も課外プログラムもない状態であった。「ジェントリフィケーション」のために市を追い出されたアフリカ系アメリカ人は、ピーク時には市人口の二〇パーセントを占めていたが、最終的に九パーセントにまで減少した。暴動で死んだ者の三〇パーセントはラティンクスだったし、破壊された事業の四〇パーセント以上がラティンクスの所有だったが、彼らは、「善良な」韓国人商店主対「悪辣な」黒人社会という簡略化されたダイナミクスに符合しないので、ほとんど取りあげられないでいる。

人種について書くことは、私たちの存在を消し去った白人資本主義のインフラストラクチャーに面と向かうことになるので論争《ポレミック》となる。と同時に、私たちの内面の意識を矛盾と結びつけることになるので叙情詩《リリック》になる。私が安直な「克服《オーヴァーカミング》」のナラティヴに抵抗すればするほど、私には、私たちは人種的不平等そのものを克服しなければならないと思えてくる。センチメンタルな移民の受難の物語にいらいらすればするほど、私は朝鮮人は私の知るかぎり最もトラウマをしょい込んだ民族だと思えてしかたがない。内面の意識を表現するために私がステレオタイプを超えようとすると、自分の理解のされ方が私が何者であるか次第なのだと、はっきりわかってしまう。よって、人種について率直に書こうとするならば、たいがいは私はナラティヴに抵抗して書かねばならないことになる。なぜなら、人種に絡めとられた《レイシャライズド》心は、フランツ・ファノンの『黒い皮膚・白い仮面』から言葉を借りれば「地獄の輪《セルクル・アンフェルナル》」に閉じ込められているからだ[*6]。

競わせられている私たちは、別々に怒りをためるし、別々に悲しみに暮れるし、別々に失望を感じるので『サイグ』が決定的に重要になるのだし、その当時の「マイナーな感情」を共有している詩人のワンダ・コールマンや小説家のポール・ビーティの作品が拮抗するものとしてきわめて重要になる。さもなければ、私の記憶は、メディアによって大量生産された映像――ロドニー・キングの殴打の映像が絶え間なくリプレイされるのや、それに伴って報道用ヘリがロサンゼルスの街の「回路基板」のあちこちで起きる小さなぼやを空撮するのや――を前提としてしまう。

ヘリが煙を出しているビルに近づいてゆく。もっと近づいてゆくと、自動車の黒こげのルーフが横向きになっていて、折りたたみの鋼鉄製の扉が店の正面からもぎとられ、くちゃくちゃにされて地面の上でアコーディオンのようになっているのが見える。近づいてゆけば、アラーム音が突然オフになるのが聞こえてくる。燃えている店から小さな姿が現れ、カメラに向かって手を振る。何を望んでいるのか？　何を言っているのだろうか？　「ストップ！　ヘルプ！　九一一に電話しても応答なしよ。消防隊は、救急隊はどこなの……警察はどこなのよ？」　彼女に教えてやりたい。警察はウエストサイドにいた。たくさんの警官たちがウエストサイドの静かな通りを守っていた。

3
白人のイノセンスの終焉

子どもの頃の私は、かなりの時間、まるで巡業サーカスでも覗くように白人の子どもたちの生活を覗き見して過ごした。招かれて彼らの家に入ることもあったが、そこで秩序と遊びがうまく調和している様子には驚かされた。両親たちはお互いに穏やかな声で言葉を交わし、手に負えないテリアが大騒ぎしながら部屋に入ってきておやつのビスケットを貰う。わが家は全然そうではなかった。空気は張りつめ、ペットなども飼っていなかったし、魔女のしわざかと思わせるきつい匂いがあたりに立ち込めていた。母は洗濯物を戸外に干し、祖母はエシャロットを植えた庭の一角にインスタントコーヒーのフォルガースの空き缶にいれた自分の尿を撒く始末だった。夜もふける頃、私はときおり自分の名前を呼ぶ声で目を醒ました。最初はかすかな声、次には大きな声で。私はそれが母だとわかっていた。そこでベッドから出て、両親の寝室へ急いだ。またしても始まった、手に負えなくなりつつある喧嘩の仲裁をするために。

翌日の学校での穏やかな陽光と、一一月なのに豊かに実っていたザクロの樹のことをはっきり覚えている。ランチを取りながら、睡眠不足のせいでいくぶん聴力が衰えた耳で、クラスメートたちの気の抜けたような笑い声を遠くに聞いていた。もし現実が古典建築の「エンタプラチュア」のフリーズの部分だとしたら、他の人びとはレリーフで浮かび上がっていたのに、私は凹んでいて皆の形をくっきりと浮かびあがらせる存在だと感じていた。私が子どもの頃に感じていた愛情はソウルでの夏の体験に限定されていた。祖母が私の足指の爪にバルサムの花びらを巻いてオレンジ色に染めようとしていたこと。おばたち、おじたち、いとこたちとともに居間の床で寝ていたときに扇風機が湿った熱気のなかでけだるく回っていたこと。そしてゴム製の固いスリッパを履いたまま裸でうずくまっていた私の身体をおばが洗ってくれたときの、びくっとするような冷たい水……。

いまの私は、四歳の女の子の母親だ。娘の髪にブラシをかけたり、あるいは夜に風呂に入れているときに、自分の子ども時代の記憶が一瞬だけ甦ることがある。さらに奇妙なことに、それらの思い出は、呼び覚まそうとするときには戻ってこないのだ。私の両親は私に本を読んでくれなかったから、はじめて娘におやすみ前の本を読み聞かせたときの私は、ノスタルジックな思い出に満たされるどころか、最初はふわふわと無重力の中にあるように感じたものだ。こうした神経症的な感覚、この不可思議な無重力感を表す言葉があるはずだ。その感覚のなかでも、世界中で愛されている儀式があなたのシナプスを惑わせて一気に過去に戻らせるが、蓄えた思い出など見出せない心は、無言で手探りするのみ。まるで軟体動物の触角が何もない海底をまさぐるように。

娘に本を読み聞かせているときの私は、彼女の幼年期がますますこの国にしっかりと繋ぎとめられていくのに比べ、自分の子ども時代はそこから漂いだすように感じる。私は、自分の楽しい思い出を娘に伝えようとしているというより、彼女に楽しい思い出をつくろうとしているのだ。私の両親も同じようにしてくれたのだが、両親が与えてくれたのは食事、住まい、学校といったきわめて基本的なものだった。アメリカに移住したおりに、両親は空間的に移動しただけでなく、将来に向けて三世代分を旅したのだ。西側諸国を進歩と同一視するほど私は雑な人間ではないつもりだが、朝鮮戦争が終結したあとの韓国は、月の表面のようにクレーターだらけの国家になっていた。かたや西側諸国は、優れた医療機関のような、韓国にはない文化的な施設を持っていた。例をあげるなら、私の母方では男の子が育たなかった。私の祖母と叔母はどちらも複数の男の子を失ったし、私が生まれる前にこの世に生を受けた兄は、心臓が弱かったため、母が風呂を使わせているあいだに亡くなってしまった。

子ども時代を振り返る……うーん、違うな。むしろいつもはすかいに子ども時代を眺めていたとしておこう。過去を振り返ることが、ノスタルジーという甘ったるいシネマトグラフィーに染められているとすれば、子ども時代をはすかいに眺めるのは、羨望という不快な煙霧に汚染されている状態だ。白人の友だちの家族と夕食を食べているとき、あるいは、子どもはどういった姿であるべきか、どのような種類の家庭で育つべきかをはっきりと映し出すコマーシャルやテレビ番組を見ているときに、私はその羨望に少しずつ侵食されていった。

研究者のキャスリン・ボンド・ストックトンは、同性愛者である子どもがどのようにして「はすかいにかまえながら成長するのか」を説明するうえで、はすかいにかまえるのは、同性愛者の人生は、結婚して子どもを産むという「線形の年表《リニアクロノロジー》」にしばしば反抗するからだ、とした。[*1] ストックトンは、有色人種の子どもは、神聖なものとされる白人の子ども時代というモデルから排除されているせいで自分の子ども時代を軽蔑する、とも説明している。だが、私に即して言えば、私は子ども時代をはすかいに「眺める」一方だったという方がより正確だ。現在でさえ、過去を振り返れば、過去の私である少女は私の凝視から身を隠し、幼いときの思い出をちらちらする幻想的な影絵芝居へと誘導してゆく。

はすかいに眺めることには言外の意味もある。「流し目をくれる」とは、疑いやいぶかり、さらに軽蔑までをも伝えることだ。学校では私は、いわゆる教養小説を山ほど読まされて成人した。教師たちがビタミン豊富な野菜のように無理やり読ませたシェイクスピアの戯曲やナサニエル・ホーソーンの小説などとは違い、私はそれらの小説を読んで主人公と同じ心情を味わうことができたから、教師たちからのご褒美のようなものだったかもしれない。主人公と同じ心情というのは、偉そうな白人の主人公にカセクトしなければならないだけでなく、彼の貴重な子ども時代が失われるのを悼むことでもある――まるで過大に評価されている古典、たとえば『ライ麦畑でつかまえて』の中の子ども時代が自分の子ども時代であるかのように。

九年生のときの先生は、私たちが全員、サリンジャーの『ライ麦畑でつかまえて』に夢中になるだろう、と話した。海老茶色のわけのわからないイラストが描かれた表紙も、この小説の神秘性を高めた。だが、読みづらく支離滅裂なサリンジャーの文体に自分が夢中になるのを待つうちに、私はうんざりしてしまった。主人公のホールデン・コーフィールドは、老人のように呪いの言葉を吐き、湯水のようにカネを使い、どこに行くのにもタクシーを使う金持ちのプレッピーに過ぎない。彼が「いんちき《フォニー》」と呼ぶクラスメートたちと同じように上から目線の、傲慢な馬鹿者なのだ。

けれど私は、ホールデンの特権的立場よりも、彼の子ども時代への病的な執着をより奇妙に感じた。私自身は、子ども時代などさっさと終わって欲しいと思いながら成長したからだ。なぜホールデンは大人になりたくなかったのか？　スケート・キーが必要なローラースケートを履いている純粋でませた子どもたちはそもそも何者なんだろうか。いったいどういう一〇代の男の子が、大人になるための崖を転がり落ちないようにライ麦畑で子どもたちをつかまえたい、なんぞという夢を抱くのだろうか？

子ども時代をイノセンスと同列に論じるのはＷＡＳＰの発明だが、一九世紀になるまでは広く普及してはいなかった。それ以前の西洋諸国では、子どもは小さな大人として扱われ、カルヴァン主義者として育てられたなら、救済を見出さないかぎりは地獄に堕ちると思われていた。ウィリアム・ワーズワースは、今日《こんにち》私たちが感傷的にとらえる子ども時代を作り出した主要な人物だが、「オード――幼少時の回想から受ける霊魂不滅の啓示」（"Ode: Intimations of Immortality from Recollections of Early Childhood"）という詩の中で、子どものことを感嘆すべき存在であり、堕落していないぶん大人より神に近いからより聡明だと詠っている――「汝が祝祭に、天が汝とともに笑うのを見る」。ワーズワースは、ノスタルジーを作り出した主要な人物でもあろう。この詩を大人の観点に立って書いた彼は、少年を、みずからの失敗の数々に仰天した大人が自分の夢想を注ぎ込む替えの器として描いている。

ホールデン・コーフィールドが体現する発育停止は、スティーブン・スピルバーグやウェス・アンダーソンの映画、ジョナサン・サフラン・フォアのフィクションに至るまで、アメリカの文化関連産業で権勢をふるってきた。二〇〇〇年代には、短期間ながら「新しい誠実さ《ニュー・シンセリティ》」という運動まで起きた。そこではアーティストやライターたちが「感じる」ことは急進的なアイデアである、と考えたのだ。彼らの言う「感じる」こととは、つまり自分の幼年期へ退行して、インターネットも存在せず、人生がもっと純粋でもっとリアルであった時代へ遡ることを必要とした。信頼性《オーセンティシティー》を何よりも重んじているはずの彼らは、自分たちの作品を、なんとなく不快な、猫をかぶった審美眼にはめ込み様式化している。その審美眼では、政治というものなどはまわりを見ない私利私欲の世界だとして払いのけられてしまう。

ウェス・アンダーソンは、かつて「新しい誠実さ」の映画作家に分類されていた。最近、私は彼の映画『ムーンライズ・キングダム』(*Moonrise Kingdom*, 2012) をふたたび視聴したが、あるブロガーが書いているとおり、それはマカロンのように心地よく軽い内容だった。古い絵葉書のような照明に濾過された『ムーンライズ・キングダム』は、スカイブルーのポータブル・レコード・プレイヤーや、五セント貨の入ったウィルソンのテニスボールの小型缶といった印象的な品々が登場する物語であると同じく、発見されたノスタルジックな記念品の展示会でもある。アンダーソンの(ヴィンテージ品も扱うeコマースサイトの)エッツィーをあさったような好みのうるさい作家性は称賛されるべきだが、彼はコレクターであり、コレクターの審美眼は何を除外するかに発揮される。アンダーソンのほかの映画には、ときどき非白人の登場人物が描かれてきたが、そのほとんどは物静かなインド人の俳優で、召使いの手の込んだお仕着せで着飾らされている。だが『ムーンライズ・キングダム』の安全に絶縁されたパレットには、「他者」へのヒントは見つからない。登場人物は、誰もが二〇世紀半ばの『ライフ』誌の広告に登場するような洗浄された白人ばかりだ。

映画の舞台は一九六五年の、ニュー・ペンザンスという架空の島(ニュー・イングランドがモデル)に設定されていて、一二歳になる二人の子どもが恋に落ち、一緒に逃げ出すという物語だ。男の子のサムは、軽薄な子ども向けの本に出て来るようなみなしごだ——風変わりで根性があり、茶目っ気にあふれている。サムは、彼が恋するなめらかな肌のスージーを説き伏せて「ムーンライズ・キングダム」と呼ばれる遠い入り江に逃げ出す。この天国のような入り江で、彼らは「自給自足ができる大人」を演じて「遊ぶ」。つまりテントを張り、食事のために漁をし、キスの練習をする。スージーの両親やサムの保護者たちが彼らを探し出すが、いったんつかまった彼らは、社会福祉機関がサムを少年保護施設に送ろうとしたため、ふたたび逃げ出す。二人の生命は発達したハリケーンによって危機にさらされるが、間一髪で救出される。映画はハッピーエンディングを迎える。スージーとサムは一緒に暮らすことになり、地元の警察官の養子になったサムは、親切でいかつい彼の保護者と同じく、若いお巡りさんになる。

一九六五年は、公民権運動にとって暴力的であると同時に画期的な年だった。黒人の抗議者たちがアラバマ州のセルマからモントゴメリーへ二度にわたって行進したが、三度目を成功させる前に、どう猛なアラバマ警察に食い止められた。リンドン・B・ジョンソン大統領は、投票の際の人種差別的な慣例を禁じる投票権法をようやく可決させた。活動家マルコムXは、マンハッタンのオードボン・ボールルームで開催された大集会でスピーチしているときに暗殺された。そしてその年の八月、長いあいだにわたる失業や住宅差別、警察の暴力に不満を募らせていたカリフォルニア州ワッツ市(当時)の住民たちが大暴動を起こした。

その年は、ほとんどのアメリカ人にとって、人種が最優先の関心事となり、国民のマジョリティが、基本的公民権を求めるだけのアフリカ系アメリカ人に脅威を感じた。アーティストのスーズ・ロトロはこう述べている。「純粋で混じりけのない白人レイシズムは……公民権の活動家たちに対する暴力がエスカレートするにつれ、メディア全体を覆った。白人たちは、自分たちを、また自分たちの歴史がいったい何をもたらしたのかを考えた。その様は、まるで自分の尿に顔をつっこんでしまう家畜のようだった」。

一九六五年、ジョンソン大統領は、アジア、ラテンアメリカ、アフリカからの移民を阻むレイシスト的移民禁止を撤廃したハート・セラー法を承認した。国籍に基づいて移民を禁止するというアメリカの恥ずべき歴史は、一八八二年の中国人排斥法に始まったが、これは拡大されてアジアおよび太平洋諸島からの移民をすべて禁じる一九一七年の移民法に繋がった。そして一九二四年、アメリカ政府は優生学という醜い科学の力を盾に取り、西ヨーロッパ、北ヨーロッパのほんのわずかの割当を除き、すべての国にこれを拡大した。他のすべての移民は、彼らがアメリカの市民を「堕落させる」劣等民族の出身であることを理由に、排斥されることになった。ジョンソン大統領は次のように述べて、ハート・セラー法のきわめて重大な影響を控えめに扱った。「私たちが本日署名する法案は、革命的な法案ではない」。彼は、この法律がアメリカの現実を決定的に変えてしまうなどとは少しも思わなかったのだ。一九六五年以来、アメリカ移民の九割はヨーロッパ以外の国の出身者である。ピュー・リサーチ・センターは、二〇五〇年までに白人のアメリカ人はマイノリティになると予測している。

映画の設定された一九六五年の暴力的な大混乱にもかかわらず、一九六九年生まれのアンダーソンは、加工された、視野の狭い、パスティーシュの多いノスタルジーで自分の映画を染め上げている。文化理論の専門家のローレン・バーラントはノスタルジーをこのように定義している。「スモールタウンを舞台にしたノスタルジーはけっして存在しなかった人生を丹念に描き、過去に不平等な捕食があったことは覆い隠す映像の記憶を観客に提供している」[*2]。アンダーソンが、この映画を、白人がこの国の人口の八五パーセントを占めていた最後の年に設定しているのは啓示的だ。それはまるで、ニュー・ペンザンスのネヴァーランドこそ、さまざまなマイノリティが大群となって流入する前の、脅威にさらされた最後の孤島であるかのようだ。

『ムーンライズ・キングダム』は、映画自体はわりあい罪のない作品だろう。だが「混じりっけなしの白人レイシズムは……メディア全体を覆った」ことに近年でも衝撃を受けている私たちは、なつかしさを込めて制作されたこの国の「映像の記憶」を活発にするのに手を貸したのは何だったのか、と自問したくもなる。アンダーソンの『ムーンライズ・キングダム』は、数えきれないほどの現代の映画、文学作品、音楽、そしてライフスタイルの選択の一例に過ぎない。そこでは、イノセントな時代への希求は、国民が異質な者への敵意をむき出しにする時代に執着することにつながる。全米のだけでなく世界中の記憶を形作る産業であるハリウッドは、今日《こんにち》に至るまで、白人のノスタルジーを掲げる、最も反動的と呼んでよい文化的加害者であった。ハリウッドは、タイムループにどっぷりはまり込んで、アメリカの人種的動態が一九六五年以降ドラスティックに変化したことを認めるのを拒んでいるのだ。映画のキャスティングは、まるでこの国が依然として白人至上主義的な法に「保護されて」いるかのようだ――その法では、出てくるアメリカ人はヨーロッパ系市民に限られるように監修されているのだ。

研究者のロビン・バーンスタインは、著書『レイシャル・イノセンス　アメリカで子ども時代を演じる――奴隷制時代から公民権運動まで』[*3]の中で、黒人の子どもたちは歴史的に「子ども時代の外側に定義づけられている」と記している。彼女はハリエット・ビーチャー・ストウ夫人の小説『アンクル・トムの小屋』の中に登場するリトル・エヴァを例にあげ、白人のイノセンスのアイコンだとしている。後光のような金髪の巻き毛と青い瞳を持つエヴァは、アンクル・トムの眼には高潔に映る。かたや奴隷の少女トプシーは、ひねくれ者でつむじ曲がりで、母親がいない。エヴァが彼女を抱擁し、彼女を愛していると明言したことで、トプシーはようやくイノセントな少女に生まれ変わる。

リトル・エヴァが理想化された子どもだとしたら、トプシーは、「子ども時代の立場、黒い肌、そのうえ決定的なことには、痛みに無感覚である戯画化される状態」によって定義される究極の黒人のがき《ピカニニー》）である。ストウ夫人は、トプシーは感じることができる、と証明しようと試みているが、彼女が改心して「子ども」になるには、リトル・エヴァに触れてもらうことが不可欠なのだ。白人の子どもはしばしば、「白人の子どもだけが子どもである」ことを強調するために奴隷の少女と対比される。ピカニニーは、イノセントでなく、野性的で知覚を持たず、保護も母親からの愛情も必要としない。そういった認識こそが、奴隷所有者がピカニニーたちを母親の腕から引き離して動産として売り飛ばすことを正当化するのに使われたのだ。そしてこうした見方は今日《こんにち》まで継続している。白人の子どもたちはいつまでも子どものままでいられるが、黒人の子どもたちは「成人として」裁判にかけられ、仮釈放なしの終身刑の判決を受けることが白人の一〇倍も多い。

ロビン・バーンスタインが記しているように、イノセンスとは「知識の欠如」だけではない。「私は人種など見ませんよ」という発言は、そこでは私が「見ること」を凌駕してしまうので、その発言にこめられているのは「知識を拒絶している活動状態」であり、これもまたイノセンスである。イノセンスは特権であると同時に、認識作用のうえでのハンディキャップであり、こちらの方は「保護された無知」であって、それが成人期まで持ち越されると悪化して名称を与えられる。イノセンスとは性的偏向なだけでなく、社会経済的なヒエラルキーのなかの地位の偏向でもあるが、それは自身が「マークされていない」「自由に好きな自分になれる」という自信に基づいている。研究者のチャールズ・W・ミルズが『人種契約』[*4]で述べているが、このイノセンスがもたらす皮肉な結果は、白人たち自身が「自分たちが作り上げた世界を理解することができない」ことである。そして子どもたちは、人種的な「つつきの順位《ペッキングオーダー》」のどこに位置するかを執拗に思い出させられた場合や、はてはそのせいで犯罪者として扱われるときに、イノセンスの資格をはく奪される。そういえば、リチャード・プライヤーのジョークにこんなのがあった（本書四五頁）。「俺は八歳までは子どもだった。それからニグロになったのさ」。

イノセンスの裏面は「恥辱」である。アダムとイヴがイノセンスを失ったとき「彼らの目は見開かれ、自分たちが裸であることに突然恥辱を感じた」。恥辱とは、赤く腫れたヒヒの尻のようにむき出しにされているという、鋭いチクチクするような自覚である。それは、神経症的な、自ら招いた傷なのだ。恥辱をもたらした攻撃者がすでに私の世界から消えてしまっていても、私はまだ彼が「いる」かのように想像をめぐらし、彼だと見誤った自分の影にひるんでしまう。恥辱は「パブロフの犬」的な反応であり、高ぶった恥の受容体は、家からちょっと出たという理由だけで爆発する。それは顔をつぶされるというレベルではない。恥辱は私の顔の上にまたがり座り続けるのだ。

しばしば恥辱は、アジア人性や儒教的な名誉心――それに伴う理解できない恥の儀礼も含めて――と関連づけられるが、私が語っている恥辱はそれとは違う。私の恥辱は文化的ではなく政治的なものだ。つまりそれは次のことを痛いほど意識するのを意味する。社会的相互作用のレバーを引きあうパワーダイナミクスと、自分が社会の秩序の中で苦しむ側か、それとも苦しめる側なのかという、すくみあがるような屈辱感の二つである。私は犬が被せられているドッグコーンのように恥辱をまとっている。私は尿石除去剤のように恥辱をまとっている。そしてこうした感情は私のアイデンティティを食い尽くす。私の身体が空洞となり、私が火葬に付された純粋な恥辱に過ぎなくなるまで。

　母が乾燥機の中を探って、白いバニーのシルエットが描かれた赤い大きなTシャツを引っ張り出したときのことを覚えている。記憶を辿ってみても、このTシャツがなぜ私たちの持ち物になったか思い出せない。おそらく誰かから父への贈り物だったのだろう。ともかく、移民である私の母は、そのロゴが何を意味するのか知らなかった。翌日、母は七歳だった私に、そのプレイボーイのTシャツを着せて学校に送り出した。私が休み時間のあとで教室に戻ろうとして一列に並んでいると、一人の四年生の女の子が私のTシャツの正面を指さし、「それなんだか知ってるの?」と訊ねてきた。私が首を横に振ると、彼女はにやにや笑いながら友人たちのもとへ走って行ったが、何がいけないのかがさっぱりわからなかった私は顔に血がのぼるのを感じた。このシャツが悪いのだろうけれど、いったいなぜ?

　校庭は金網のフェンスが張られ、灰色のタールマックで舗装されていた。デ・キリコの絵のように飾り気のない空間だった。木も生えておらず、ハンドボールのボードとテザーボールのポール——こちらの方は背の高い子どもたちが私の手の届かない高さまでボールを叩いて飛ばすので私は避けていた——が投げかける鋭角的な日時計のような影が落ちているだけだった。私はTシャツに描かれたバニーがなぜいけないのかわからなかったし、誰一人それがどうして悪いのかを教えてくれなかった。それでそのバニーは、暗号化された呪いのオーラのなかにぼやけていった。私の体温は上昇し、身体は私という汚染物質を洗い流そうと熱を放射していた。

私は英語を習っているときにも、やはり一触即発といった身体的反応を感じた。学齢期を迎えるまで英語を習わなかったので、難しいものすべてに英語を結びつけて考えていたせいだ。黒板に書かれた図表のような文章、固くて滑りやすいビー玉のように私の口の中で発せられた音節。英語は私が表現するためのものではなく、私を捕まえようとそこにあるものだった。英語には、ちょっとつまずいただけで私を人目にさらしてしまうような、目には見えないが罠用の針金が織り込んであるようだった。小学校一年生のときの担任は、熱心に耳を傾けているクラスに本を読んでみせてから、私の方を向くと微笑み、不明瞭な発音で何か言った。私はそれを「外に行きなさい」という意味ととった。そこで立ち上がり、教室の外に出た。先生の方は、私を追っていきなり外に歩み出たが、顔は赤く染まっていた。彼女は私を叱り、ぐいぐい引っ張って教室に連れ戻した。

恥辱は、自分を一人称と三人称とに分裂させる能力を私に与える。ジャン・ポール・サルトルが記しているとおり「私は他者が私を見るように自分を認識する」[*5]。いまの私であれば、故意でなかったかつての反抗にユーモアを見出すことができるだろう。足を組み、輪になって熱心に耳を傾ける六歳児たちに、教師が読み聞かせをしている。すると、彼らの中のおとなしいちびのアジア系の女の子が、話の途中でいきなりそっと立ち上がり、教室を出ていく。翌年、そのおとなしいアジア系の女の子が、なんとポルノ風のTシャツを着て登校したのだ。

レイシズムの特性の一つは、子どもが大人のように扱われ、大人が子どものように扱われることだ。自分の親が、子どもみたいに蔑みをもって扱われることは、子どもにとって最大の屈辱だ。私は、白人の大人に両親が見下され、からかわれたりするのを数えきれないほど見てきた。そうした体験はしょっちゅうだったので、母が白人の大人と接触するときはいつでも警戒しすぎになって、彼女と相手のあいだを仲介しよう、ときには相手から母を引き離そうと待ち構えていた。アメリカでアジア人として成長するのは、両親に代表される、自分にとって権威ある人びとが恥をかかされる場面を目撃し、彼らを頼ることはできないと学ぶことだ。彼らはけっしてあなたを守ってはくれないのだ。

アメリカにおいて、アジア人であることから体験する侮辱については、実際より少ない例しか報告されていない。私たちは、自分たちアジア人は良い思いをしているという嘘に恐れをなす。勤勉さが自分たちに尊厳を与えてくれると信じながら、私たちは頭《こうべ》を垂れて真面目に働き続けるが、事実はといえば、勤勉さは私たちを見えない存在にするだけなのだ。私たちは、声をあげないことで、自分たちが感じる恥辱は私たちの抑圧的な文化や逃げ出してきた国が原因であり、アメリカは私たちに機会を与え続けてくれた……という神話を長続きさせるのに手を貸してしまう。アジア人が良い思いをしている、という嘘は知らぬ間にあまりにも広がったので、こう書いているあいだでさえ、私は他の者に比べてそう悪い思いをしたわけじゃないんでは、という疑いを抱かされるほどだ。だが、人種的なトラウマは、どちらがひどいかと競いあうスポーツではない。問題は、私の子ども時代がとりわけトラウマに満ちていたわけではなく、実際にはかなり典型的なものだったことだ。

大半の白人は、人種的なトラウマをある種の見世物として理解できるだけだ。トランプが大統領に選出された直後、メディアはヘイトクライムの増加を報道したが、メディアは露骨で異端的なヘイトの誇示に焦点をあてがちだった。たとえば、白人の高校生たちが、スワスチカが落書きされた南部連合旗で作ったケープをまとって学校の廊下を行進する、といった現象だ。だが、より報道するのが難しいのは、その出来事そのものではなく、それが起きるのではという予想が与えるストレスである。白人支配の恐怖は目に見えずに累積してゆき、その人間の価値を、最後には自己嫌悪しか残らないところまで少しずつ削っていってしまうのだ。

詩人のバーヌ・カピールはこう書いている。「もし、極右が勃興したらどのような事態が起きるかと考えるとき、私は目を閉じるだけ。すると子ども時代を思い出す」。私の友人たちも同じ感情を抱いている。トランプの大統領就任は、子ども時代へのフラッシュバックを呼び覚ました。子どもは残酷なものだ。子どもたち同士で、両親が家で口にする人種的な悪口雑言を、想像しうるかぎりの露骨さでオウムのように口にする。トランプ政権のもとで、レイシズムがいまや「公然の」ものとなっているように、子どもたちのあいだでは、レイシズムは昔から「公然の」ものであるのだ。だが、そうなるきっかけは、必ずしも特定の人種差別的な出来事を思い出したからではなく、ある感情がフラッシュバックを起こすからである――恐怖と恥がコツコツと叩く音になるし、動物のようなはげしい警戒心が湧きおこるのだ。子ども時代というものは、それがイノセンスへのノスタルジックな回帰であっても、不安と怖れへの突然のフラッシュバックであっても、特有の精神状態と言える。子ども時代のイノセンスが、保護され慰められることを意味するなら、子ども時代の「不安定な状態《プレカリティ》」とは、保護も慰めも希薄だと感じるところにあろう。

私の母方の祖母は、母が妹と私の面倒を見る手伝いが必要になったとき、ソウルからやってきて私たちと住むようになった。彼女は朝鮮戦争の避難民で、すでに韓国にいた祖父と再会するため、北朝鮮から子どもを連れて韓国に向かったのだ。祖母は、潮が引いたとき、二歳の母を背中におぶって海岸沿いの危険な旅を企てた。だが、実はもうちょっとで母はあやうく置いてゆかれるところだった。最初は、祖母は母を自分のおばのところに置いてくるつもりだったが、考えを変えて母を引き取りに来た。そのときの彼女は、北朝鮮と南朝鮮の国境が永遠に封鎖されることや、北朝鮮にいる自分の両親やきょうだいからの消息が途絶えること……つまり自分の世界があっけなく消え失せてしまうことを、考えもしなかった。

それでも祖母はタフで社交的なしっかり者であり続けた。祖父が生きていた頃に彼らが住んでいた家は、仁川《インチョン》では珍しく屋内トイレがついていた。戦後、彼女はその家をスープキッチンのようなかたちで運営し、ホームレスや孤児、寡婦や男やもめなど、食べ物を求める人びとであれば誰でも夕食に招待していた。

アメリカでの祖母は、私たちとともに郊外の白人の住む地区に住むようになったが、そこでは孤独だった。彼女は長い時間の散歩に出て、ときどき誰かが出した台所用のゴミ入れで見つけたコーヒー沸かし器や壊れたランプなどを持ち帰った。その頃の母は、床のあちこちで家族の皮膚から剝離した細胞を見つけたかのように、毎日どころか一日に三度も掃除機をかけることがあった。母がこうした掃除熱に取りつかれると、私は祖母の散歩につき合うことにしていた。

散歩につき合ったときの私は八歳で、祖母は私たちと一緒に住むようになったばかりだった。カリフォルニアの歩道はまだピカピカで人っ子一人歩いておらず、私たちの通りの芝生に水を撒くスプリンクラーが立てるシューシューいう音のほかは、ご近所は静かだった。祖母は、ちょうど一軒の家の庭にあるレモンの木から、家に持ち帰ろうと枝を一本もいだところだったが、そのときに袋小路にたむろしている白人の子どもたちの集団に出会った。私は不安を覚えたが、祖母は彼らにあいさつすることにしたらしく、子どもたちの集団の方に歩いてゆくと、彼らと握手しはじめた。アメリカではそうしていたからだ。子どもたちは驚いたようだが、一人ずつ祖母と握手を交わした。子どもたちは少しばかり手の振り方が激しすぎると私は思った。「ハロー」(Hello) と祖母が言うと「ハロー」(Herro) と彼らは言い返した。彼らの一人が、祖母の顔の前で意味の通らぬ手話を演じて見せた。それから、つやのない茶色の髪をした背の高い痩せた女の子が祖母の後ろにこっそりと忍び寄り、祖母の尻を思いっきり蹴った。祖母は地面に倒れ、子どもたちは全員で笑い声をあげた。

私たち家族がみんなで車に乗っていたとき、祖母は父にその事件のことを話した。父は、必ず目配りをしていてその娘を見つけるんだぞ、と言った。一度信号で停止したときに祖母と私はその娘に気づいた。「あの子よ」。こもごもそう父に伝えた。父は車の窓を開け、彼女に向かって怒鳴り始めた。それまで私は、父が白人、ましてや子どもにそれほど怒るのを見たことがなかった。父は女の子に謝るよう命じたが、彼女は謝らず、それどころか私たちと会ったことさえ否定した。

「私があんたを蹴ったとしたらどんな気分だ?」父は叫んだ。「どんな気分になるんだ?」それからシートベルトを外し、転げるように車から降りた。ところが、その女の子は、軽やかに丘を駆け上がり、姿をくらましてしまった。父は数歩ばかり彼女を追いかけたが、自分の努力のむなしさに気づいて彼女を追うのをやめた。車は道路の真ん中に取り残されていた。エンジンがまだかかっていて、運転席のドアは大きく開いたままだった。私はぽかんとして父を見ていた。父が怖くなったが、同時に父が心配で恐怖を覚えた。私は、父が家族を守ろうとした行動を、ご近所の視点から見た——無意識な行動で、過剰反応でもあった。父がその怒りのせいで罰せられるのではないかと思うと、私はひどく心配になった。

　別の機会に体験したことを語ろう。私たち姉妹がショッピング・モールから出ようとしていたときのことだ。妹は九歳、私は一三歳だった。私たちがモールを出るとき、白人のカップルが中に入ろうとしていた。妹は彼が私たちのためにドアを開けておいてくれるんだと思い、彼が嫌々ながらドアを広く開けているあいだに、私たちは小走りでドアを通った。ところが、うしろでドアが閉まる前に、男はこう怒鳴った。「俺はチンク（中国人への蔑称）のためにドアを開けてやるんじゃないぞ！」

　妹はわっと泣き出した。なぜ彼がそんなに意地悪に振る舞うのかが理解できなかったのだ。「こんなこと、初めてよ」。彼女は泣きながら言った。私は、モールの中に戻ってその男を殺してやりたい、とさえ思った。妹を守ることができなかった。いい大人の癖に憎しみに目がくらんで私たちが子どもであることさえ弁《わきま》えてない——そんな相手への殺してやりたいという怒りを抑えきれなかった。

　私がこのエピソードを記したのは、のちに私が経験した出来事とこの経験を比べるために過ぎない。二〇代はじめの私はブルックリンに住んでいた。それはニューヨークの七月に良くある耐え難いくらい暑い一日で、ニューヨーカーたちは誰もがうんざりしていた。私の友人、彼女のボーイフレンド、私の三人は、地下鉄のセカンド・アベニュー駅へと入っていった。私が地下鉄のプラットフォームに通じる階段を下りていたとき、一人の男がそばを通り過ぎた。彼は私を見ながら東アジア系へのヘイトの歌「チン・チョン・ディン・ドン」("Chin chon ding dong")を歌っていた。彼は白人で、ベースボール帽をかぶり、首がなかった。典型的なスタテン・アイランドのマッチョに見えた。だがそのとき、私は彼が黒人の妻と、ハーフのよちよち歩きの子どもを連れているのに気づいた。

白人である友人たちは言葉に窮しているようだった。友人たちに不愉快な思いをさせたくなかったので、私は男の言葉を無視した。それから私たちはFトレインに乗りこんだが、彼もまた同じ車両に乗っていることに気づいた。列車が各駅で進むあいだ、彼を睨み続ける私の怒りはますます募っていった。いったいどれだけ、こんな状況を耐えなきゃならないのだろうか?

「あいつにちょっと文句を言ってくるわ」。私は友人たちにそう言い、彼らもそれを応援してくれた。混んだ車両の中で、私は乗客を押し分けながら進み、彼のそばまで行って見下ろしながらできるだけ穏やかな調子で抗議し始めた。まず、彼をレイシストと呼び、あなたは自分の子どもにひどい例を見せているじゃないの、と非難した。頭がずきずきしながら友人たちのところまで戻ったときに振り返ると、なんと彼が立ち上がってこちらにやってくるではないか。彼は私のそばまで来ると、ルームメートのボーイフレンドを指さしながら脅してきた。「こいつがおまえの彼氏でなくて良かったな。おまえの彼氏だったら、ぼこぼこにしてやるところだぞ」。それから彼はもといた場所に戻り、席に腰をおろした。私はびっくりしたが、事態が暴力沙汰に発展したり、人種的非難をさらに浴びせかけられなかったことにほっとした。ルームメートのボーイフレンドはこう言い続けていた。「あいつに何か言ってやればよかった」。列車は私たちが降りる駅に停車した。私たちが降りる際、男は、混雑する車両の中からこう叫んできた。「ファック・チンク!」

「白人のくず《ホワイトトラッシュ》のマザーファッカー！」私は叫び返した。

プラットフォームに降りると、車内では口をほとんど開かなかった私の友人がわっと泣き出した。

「私、こんなこと初めてだわ」。そう言って彼女はむせび泣いた。

あっけなく、私の問題は脇に追いやられてしまった。彼女を慰めようとしたが、そうした衝動の馬鹿馬鹿しさに気づいて自制した。私の怒りや痛みはすべて彼女に転嫁されてしまい、これを書いているいまも、私は悪口を言った男より、彼女の方に腹を立てている。泣いている彼女とともに、私たちはおし黙ったまま私たちのフラットに向かった。


二〇一六年は「白人の涙」にあふれた年だった。インターネットは、黒人やヒスパニック、アジア人の女性が、「白人の涙」という言葉が浮き彫りにされた白いマグカップから飲み物をゆっくりとすすっているミームであふれた。そのミームがほのめかしていたのは、有色人種は「白人の涙」にまったく無関心だ、ということだった。そればかりか、彼らは「白人の涙」に心地よい「シャーデンフロイデ」を感じている。もちろん「白人の涙」は、すべての痛みをではなく、白人が経験する特定の情緒的な脆弱性のことを指している。白人は人種的なストレスを自分の傷ついたエゴにさらにこすりつけるので、白人はいっそうストレスを耐えがたく感じてしまい、神経過敏で防御的になってしまうのだ。

二〇一一年、研究者のサミュエル・R・ソマーズとマイケル・I・ノートンが一つの調査を行った。[*6]白人が反黒人バイアスの減少に気づいていると回答したときには、必ず反白人バイアスが増加していると回答する、というのがその結果だった。まるでレイシズムはゼロ・サム・ゲームのようだが、かつてのトランプ政権の司法長官ジェフ・セッションズが言い換えてカプセル化した表現ではこうなる。「そっちへの攻撃が少なくなれば、こっちへの攻撃が増えるということだ」。この調査が実際になされた時点では、白人のアメリカ人はなんと「アンチ白人」の偏見は「アンチ黒人」の偏見よりも大きな社会的問題である、と考えていた。歴代のアメリカ大統領は一人を除けば全員が白人だったし、歴史的に見ても連邦議員の九割は白人だったうえに、白人の純資産の平均値は非白人の純資産の平均値の一〇倍から一三倍だというのに、彼らはそれを信じたのだ。事実を言えば、人種間の収入格差は増大する一方である。三〇年前、メディアンの黒人家庭は六八〇〇ドルの資産を有していたのに、いまやその額は一七〇〇ドルである。それに対し、メディアンの白人家庭の資産は、三〇年前には一〇万二〇〇〇ドルだったのにいまは一一万六八〇〇ドルと増加している。研究者のリンダ・マーティン・アルコフはこう記している。資産の好ましくない蓄積はあまりにも不均衡なので、白人層の大企業たるや実質的にオリガルヒ支配となっている、と。[*7]

それにもかかわらず、「迫害を受けている」という白人たちの錯覚はひどくなる一方だ。たとえばアビゲイル・フィッシャー（「成績の良くないベッキー」として知られる）の例をあげよう。二〇一六年、彼女は自分がテキサス大学オースティン校への入学を許可されなかったのは、自分の人種が白人であるせいだ、と最高裁に訴えたが、事実は彼女の成績が合格点に満たなかったせいだった。彼らの妄想は、「ブラック・ライブズ・マター」（Black Lives Matter）というフレーズに対抗して自己防御で言い返す「オール・ライブズ・マター」（All Lives Matter）というフレーズに潜在的にあらわれている。「すべて」（all）という言葉は、包括的であるというよりもほかを遮断する代名詞であり、白人層の目に見えないヘゲモニーをつつがなく続けられるよう「人種を問題にはしない」という防御策なのである。

二〇一八年、私はアーティストのカーメン・ウィナントのインスタレーションを目にした。子どもを生もうとしている妊婦を撮影した二〇〇〇枚の写真が、ＭｏＭＡの二つの壁を覆っていた。この三〇年間に出版された本や雑誌から切り抜いた写真がテープで貼られていたが、妊婦たちはしゃがみこんだり、四つん這いになったり、水中出産用のプールに漬かったり、ステイラップパンツをはいて両足を釣り上げられたりしていて、誰もが出産のみじめな激痛に耐えていた。いくつかの写真には、クマのような母親のヴァギナから顔をのぞかせる新生児の黒い頭頂部が映し出されていた。またある写真は、四つん這いになった母親の背中を映していたが、彼女のガウンは脇の下までたくし上げられ、新生児の細くなった頭が母親の肛門近くから顔を出していた。それらが示す感情は、歓喜と苦悶、愛情と安堵といった生々しい荘厳さに彩られていた。

　写真はほとんどすべて白人女性だった。それらの写真を一枚一枚目にした私は、母親の出産時の疲労困憊と歓喜とに感動したが、一歩下がってみたとき、それらの写真に「白人性」という壁を見ずにはいられなかった。ウィナントは、それらリアリスティックな出産シーンを、古本屋で見つけた本から切り取って貼っていた。実に骨が折れる作業だが、その作業はそれらイメージの酷似していることを主張しているのに過ぎない。鑑賞した批評家たちは、そのインスタレーションを「普遍的な」とか「刺激的で興味深い」という言葉で表現した。けれど私が目にしたのは、「出産」の理屈抜きの「ラディカルな露出」より、それらの写真の「白人性」だった。すべてを呼び覚ましたいというウィナントの強迫的にさえ思える努力に対し、私はそこから閉め出されていると感じたのだ。

　もちろん私は、「白人性」を人種的なカテゴリーとして把握できない白人の批評家たちと比べて、自分は白人性を「見る」ことができると主張してもよいのだ。もっとも、最近の私は、「空白文字《ホワイトスペース》」に気づく私の癖が、ほかのことを楽しむ妨げとなっているのではないか、と考えるようになってきた。私はいまじゃ、明白なものか、明白であるはずのものかをいちいち指摘する、ガミガミ女になってしまっている。登場人物が全員失明するジョゼ・サラマーゴの小説『白の闇』[*8]の中では、彼らの視界は暗くなるのではなく「さながら乳白色の海に開けたままの目を突っ込まれたように」白くなってしまう。私は、自分が出かける場所のいたるところで白人性に出くわす。白人の陰謀を肌で感じる。まるでX線写真に使う不透過性のインクに染められたように、白人性によって私の心にまで染みがついてしまうのがわかる。この染みは、絶えず自分の人生を他者の人生と比較するように私を仕向ける。私は、自分の人生を物足りないものとはもはや思っていないけど。でも、白人性と対立するにしても、結局は自分の人生を白人性との関連でとらえてしまっている。

最近、私は詩人のナタリー・ディアスのツィートを読んだ。ツィートはこう問いかけている。なぜ有色人種の作家たちは「白人性」を絶えず論じなければならないのか？　ほかのどこにおいても中心に据えられているのに、なぜわざわざそれを私たちの仕事の中心にしなければならないのだろうか？　私は、美術館から帰る途中の地下鉄の中で、三人の子どもたちを一八歳になる前に亡くした祖母のことを考えていた。もし私が彼女の物語を語るとしたら、それはただの悲しい物語、白人性にアクセントをつけるためにその壁に貼られる物語へと変性するだけなのだろうか。

私が白人性を取りあげる理由は、アジア系アメリカ人たちが、この国の資本主義的な白人至上のヒエラルキーの中で、自分たちがどこに位置しているのかをまだ本当には理解していないと感じるからだ。理解の度合いがあまりにも低いので、アジア人の中には次のように考える者もいる。いわく、人種は自分たちの人生に影響を与えてこなかった、人種は話題にのぼることはない、と。それは、白人が自分たちのことについて同じことを言う場合と同様に見当違いなのだ——なぜって私たちが直面している差別があるだけでなく、私たちの人種的アイデンティティゆえに与えられている資格があるからだ。こうしたアジア人たちに含まれるのは……私のいとこだったり、かつてのボーイフレンドであったり、あるいは私自身である。ブルックリンでぬくぬくと過ごし、自分は人種になど影響されるいわれはないし、それについて考えるのを自分から選ぶだけなんだと思いながら、温かく心地よい日に不意打ちをくらう私自身であるのだ。自分のことだけ、あるいは両親の期待に沿いながらいまの家族についてだけ考えていれば良いのだ。両親が生き延びようとする本能は、アメリカのネオリベラルなエートスと通底している——つまり、私たちを束縛する恥辱を隠しながら、自分以外の誰かの犠牲のもとに、誰よりも先んじるというエートスだ。アメリカで成長したアジア人たちは、程度はさまざまでも、私がこれまで語ってきた恥辱を誰もが詳しく知っているし、油をたっぷり含んだその炎をこれまで肌で感じてきたはずだ。

二〇一六年は、いくつかの要因があって「白人性」が可視化された年だった。①迫り来る人口動態学的変化で、白人がまもなくマイノリティになるとわかったこと、②定職についている人数が減少したせいで一部の白人が力を失い、移民たちに攻撃的になったこと、③そして、黒人や褐色人種の活動家が二〇一四年から二〇一五年にかけてのミズーリ州ファーガソンでの出来事以降は司法制度から教育、文化に至るまでの人種間の不平等に抗議を唱えてきたのに対し、メディアが注意を向けたことである。過去にそうでなかったとしても、白人たちはいまや肌の色で自分たちが区別されていると自覚しだした。そしてそのような視線にさらされることへの反応は「恥辱」の感覚だった。
恥辱とは、内部に巣くう耐えがたい感情だが、それが要求する内省によって、ときには生産的な結果を生むこともある。白人であることの特権がどのように自分たちの生活に影響を与えているかを判断し続けてきた、進歩主義的な白人たちのケースにもそれがあてはまる。私の学生たちは、ずっと前なら人種についての会話が持ち上がった際、いつも気まずそうにおし黙った。だがいまでは彼らの多くが、人種間の関係の複雑さや、そこでの彼らの役割について耳を傾け、考えるようになったことに、私は希望を抱いている。アルコフはこの省察を「白人の二重意識」と呼んでいるが、それは「自分たちを支配的なレンズ、そうでない側のレンズと両方を通して観察し、後者を批判的で誤りを矯正してくれる真実だと認識すること」を意味する。[*9]
だが、その同じ恥辱が生産的な内省を生むこともあれば、軽蔑につながることもある。一九六二年から三〇年にわたって三巻の『情動イメージ意識』(*Affect Imagery Consciousness*)を著した精神分析医のシルヴァン・トムキンズは、社会における「軽蔑と恥辱」の差異について次のように明確にしている。

民主主義的な社会において、軽蔑は、それが人々の連帯を損なわない限りは、控えめに利用されるだろう。一方で軽蔑は、ヒエラルヒー型の社会では、個人や階級、国家のあいだの距離を維持するために、しばしば、それも称賛を伴って使用されるだろう。民主主義的な社会において、軽蔑はしばしば置き換えられる。感情移入しうる恥辱に置き換えられる場合には、批判する人々は、他の人が為《な》した行為を恥じて頭《こうべ》を垂れる。苦痛に置き換えられる場合には、批判する人々は、他人が行ったことについて感じる苦しみを表明する。怒りに置き換えられる場合には、批判する人々は、ほかの者たちがしでかした過ちへの救済を探し求めるのだ。

その恥辱をもたらす元凶との継続的な関与にペナルティを課したり拒否したりすることで恥辱を遠ざけようとするのも、また人間の本性《ほんせい》である。ほとんどの白人は、アルコフが記すように、「人種に基づくストレスから彼らを守り、遮断する」隔離された環境で生きている。その結果、マイノリティへの近接を感じさせる出来事——たとえばラティンクスの一家が自分たちの住む町に引っ越してきたことや、黒人の抗議者たちがグランド・セントラル駅で「息ができない《アイキャントブリーズ》」とスローガンを叫ぶニュースを見ることなど——は彼らの内面に耐えがたい不快感を呼び起こす。アメリカ人は、自分たちの白人としてのアイデンティティをいきなり自覚させられたが、こうした自覚は、みずからのアイデンティティが「脅威に」さらされている、という誤った思考に彼らを導いてしまう。自分たちが間違っていると思ったとき、彼らは自分たちが間違った扱いを受けたように感じる。人種的な抑圧に気づくよう要求されたとき、彼らは自分たちが抑圧されていると感じる。「白人の涙」を私たちが笑っているあいだにも、この涙は危険なものに転じることがある。デイモン・ヤングがオンラインマガジンの“The Root”で説明しているように、「白人の涙」は、敗北した南部人たちが、なぜ黒人奴隷たちの自由を認めるのを拒否してクー・クラックス・クランを結成したかを教えてくれる。さらに、それはなぜ白人男性の六三パーセント、白人女性の五三パーセントが、がきっぽい有害な人物に投票したかという問いへの答えでもある。歴史を自覚すると、説明責任を果たすよう求められる。だが彼らは、その恥辱に直面するよりは、どのような必要な手段を使ってでも、自分たち白人のイノセンスを保持しようとするに違いない。

二〇一七年二月一日、五歳になるイラン系アメリカ人の少年が、ワシントンDCのダレス国際空港(所在地はヴァージニア州)で手錠をかけられたまま五時間にわたり拘束された。その理由は、彼が子どもであるにもかかわらず「潜在的な脅威とみなす」羽目にあったせいだ。これはトランプ大統領が、イスラム教が優勢な七ヶ国からの旅行者を禁止する大統領令を発したことの直接的な結果として起きた事態で、その少年がメリーランド州出身のアメリカ市民であることは考慮されなかった。ホワイトハウスの報道官は「何者かの年齢やジェンダーによって、その者が脅威にならないと仮定するのは、見当はずれであり、間違っている」という声明を発表した。その日、政府に対して沸き上がった怒りは鮮明かつ迅速だった。何千人ものニューヨーク市民がJFK国際空港に押し寄せ、その禁止令に抗議した。少年がようやく解放されて母親の元に戻ったとき、抗議者たちは喝采を叫び、お互いに抱き合った。私もそのニュースを見ながら母と子の再会に安堵した。だがその日の出来事は、彼が成長してゆくにつれ人格形成にどのような影響を与えるだろうかと考えた。

私たちの家族が、グアテマラ、アフガニスタン、韓国……どの国から来ていようと、一九六五年以降の移民ならば、アメリカという国の国境を越えて私たちの父祖の国にまで及ぶ歴史を共有してきた。父祖の国では、私たちの血脈に連なる多数の者たちが、アメリカが巧みに組織したり、支持したりした西欧帝国主義や戦争、独裁政治によって殺害されてきたのだ。私たちは、アメリカに帰属しようという努力のなかで、人生を二度生きる機会を与えられたとでも言うように感謝しながら振る舞う。だが、私たちがともに分かちあうルーツとは、アメリカが与えてくれた機会などではなく、白人至上に基づく資本主義的な蓄積が、どうやって私たちの父祖の国を食い物にしてアメリカを富める国にしたかにある。それを忘れてはいけない。

私は、アメリカ人の意識をあの五歳のイラン系アメリカ人のような子どもたちの心情に少しでも近づけるためにも、ライターとして白人のイノセンスが持つ唯我独尊を打倒する手助けをしようと思う。少年の心情は無防備な自意識だが、それは、読み書きのできるようになる前からこの国がしでかしうる暴力をすでに知ってしまっている自意識だ。白人の妄想を崩すのは、彼がそうした知識を持っていることだし、歴史に裏打ちされた彼の自意識はいずれ多数派を占めるようになるだろう。

4

悪い英語

子どもの頃、私は文房具とのあいだにほとんどエロチックと言っても良い特別な関係を築いていた。ほかの子どもたちが人形やアクション・フィギュアを集めるように、さまざまな文房具を蒐集していたのだ。ヴァージニア・ウルフは凍てつくような冬のロンドンの街を遍歴しようと玄関から飛びだす前に、何の前触れもなく「鉛筆を買いに行かなければ」と言ったが、私も彼女の切迫感を分けあっていたのかもしれない。私も、鉛筆を熱烈に求めていた。それが、ハローキティの安っぽいフィギュアが繊細な銀のチェーンで頭に取りつけられた、ラヴェンダー色の細いシャープペンシルでありさえすればよかった。それに、ラズベリーやバニラの匂いがついた、ぽっちゃりしたやわらかな色彩の外斜視のサンリオのキャラクターの形をした消しゴムも欲しかった。その消しゴムが大好きで、先端をかみちぎりたい、という衝動を抑えるのに苦労した。最初は用心して短い足でノートを優しくこすっていた。けれど、愛する消しゴムが黒鉛で汚れるが早いか、間違った箇所を、消しゴムが片目だけが句読点のように残っている灰色のくすんだ顔になるまで容赦なくこすり続けたものだ。

私はなぜか教会が主催するキャンプでいじめの標的にされていた。同じ年頃の韓国人の少女たちが、事実はそうではなくてもベッドに空きがないと言って私を部屋から閉め出したせいで、隣の部屋で年下の少女たちと二段ベッドで寝なければならなかった。ある日の早朝のこと、私は大好きな文房具にまで裏切られた。鍵をかけていないハローキティの日記帳を開くと、誰かが一頁目に、シャープペンシルに違いない丁寧な筆記体でこう書いていたのだ。

「ケティ、ゴーホーム」

私が知っていた韓国人の少女たちは、誰もがひどく気分屋で、詩人のシルヴィア・プラスでさえ、彼女たちと比べればC‐スパンの放送みたいに退屈に感じられた。何人かはロサンゼルスのコリアタウン出身で、偽のジューシー・クチュールを身に着け、チョーラス風のメーキャップをし、FOBやギャングスタ、ヴァリー・ガールズのような地域独特のクレオール・アクセントで話した。黒いリップペンシルで縁取られた彼女の白いゴーストリップをぽかんと見ていた私に、グレースという名のその子はこう訊いてきた。「ビッチ！　何を見てんのよ？　あんたレスボなの？」　私はその「レスボ」という言葉を辞書で引いてみたが、それを見つけられなかったのでほっとした。

悪い英語に囲まれて育ったせいで、私の英語はひどいものだった。ロサンゼルスで生まれたにもかかわらず、恥ずかしいことに、私は六歳、もしかしたら七歳まで流暢に英語をしゃべることができなかった。学校に入学するのはさながら別の国へ行くようなものだった。何しろそれまでは朝鮮語に囲まれて育っていたのだから。教会で耳にする英語、コリアタウンに住む友人や家族から聞く英語は、短く、辛辣でブロークンなものだった。主語の名詞と目的語の名詞はなんとも不可思議につなぎあわされ、動詞はつねに主語と一致せず、定冠詞はどこにも見つからなかった。ティーンエイジャーたちは、朝鮮語にいつも「ファック」という言葉を挟んで感情を発散していた。「ファックヒム！　兄貴《オッパ》はくそやろうさ」。

英語を使って移民が生き延びるためにまず覚えねばならないのは、罰あたりな言葉だ。いとこたちがアメリカに来たとき、私は学校で使えるよう、すぐに罰あたりな言葉のストックを伝授した。私のおじは、俺は会話の始めと終わりにはいつも「マザーファッカー」という言葉をつけて話したもんだよ、と教えてくれた。それというのも、衣類の卸をニューヨークでやっていたときに、黒人のおとくいから英語を習ったからだと言う。粗野で騒々しい人だったが、その後ソウルに戻り、英語を忘れないように私とときどき会話を交わしていた。

おじ：　あれはなんて言ったっけ？　ほら、あそこにシラミがたかったときの言葉だよ。
私：　ケジラミ？
おじ：　そうだ！　ケジラミだ。新しい英語の言葉を学んだぞ。ケジラミ！　俺はそいつに一度たかられたことがあるんだ。
私：　……。
おじ：　おまえが考えるようなことじゃないぞ。売春婦からうつされたんじゃない。
私：　じゃあ、どこでうつったの？
おじ：　軍隊でさ。軍隊では簡単にケジラミにたかられるんだよ。トイレもなくて、土に穴が掘られているだけなんだ。あそこの毛を剃らされたな。ひどい時代だった。木に縛りつけた男を、そのまま放置したこともあったよ。

私たちの英語はいつも、ヒップホップからスパングリッシュ、アニメの『シンプソンズ』などから借りたものだった。私の父は、アメリカで成功するには感情を表に出すことが必要だと早くから学んでいたので、娘たちや従業員、おとくい、航空会社の社員にまで見境なく「愛してる」という言葉を振りまいていた。たぶん彼はどこかで、セールスマンがもう一人のセールスマンに親しみを込めて「愛してるぜ、会えて嬉しいぜ」と言いながら背中をぴしゃりと叩く光景を目にしていたにちがいない。だが、父には親しく交わる男性や背中をぴしゃりと叩く仲間がいなかったから、その言葉の使い方には無遠慮な親密さが感じられた――とりわけ、愛情を示す言葉を燃えるような告白のように口にした場合などは。たとえば、電話を切る前の会話はこんな感じだった。「注文してくれてありがとう。ところでカービー、あんたを愛してるよ」。

実際に私は、シャープペンシルを使うというより、ほれぼれと見るためにずらりと並べておいたのだ。ピスタチオ、プラム、あるいは綿飴みたいなピンク色をしたシャープペンシルは、あとで使うために取っておくが、崇高な女らしさを示す魔法の棒のようなものだった。長く取っておけばおくほど、それを使いたい欲求が耐えがたいほど膨れ上がってゆくのだ。それでも私はそれを我慢した。その望みを満足させることよりも、高まってゆく憧れこそが絶妙な喜びだからだ。シアン・ンガイは以下のように記している。[*1] 人はかわいい《キュート》と感じるものを食べてみたいという圧倒的な欲求を持っている、だから、その消費されやすい性質のせいでかわいさは大量消費の対象として理想的だ。かわいい物は女性的で無防備で、小さな物だ。かわいい物は私たちの母性本能を刺激し、ちょうど私が口がなくなってしまったサンリオのキャラクターの消しゴムに感じたように、抱きしめて鼻をこすりつけたいという感情を抱かせる。でも、それらは同時に、彼らを支配し侵害したい、という私たちのサディスティックな欲望をも解き放つ——それこそが、なぜ私が自分の暗い衝動を撃退するため、自分の文房具を使うのを遅らせたかへの答えだろう。

けれど私はついに降参してしまった。シャープペンシルの頭を押すと、鉛の芯がほんの少しだけ出てきた。少女の頃の私は、文章を書くことには興味がなく、そのかわり絵を描いた。自分とまるで似ていない少女たちを描いた。最初は図工が苦手だったので、顔の輪郭をUの字で書き、次にいびつな露に似た形の瞳を入れ、頭の上には、ベッドのスプリングみたいに固いカーリーヘアを屋根のように描いた。だが数年経つと、テクニックは洗練され、お気に入りのアニメの女の子たちを上手に描けるようになった。

私は瞳を描くのがとりわけ好きだった。他のみんなと同じように、アニメの瞳フェチだったからだ。魅惑的な眼球には雪を散らしたサファイアのような瞳孔がこぼれんばかりで、真っ黒なまつげがそれを覆う。そんなアニメの少女の瞳は、なんと大きく無垢に見えただろう。それに比べ、私の細い目はなんと貧弱だったことか。だが鼻は上手く描けなかった。どれほど練習しても、短い上向きの鼻を上手に描けなかった。不幸なことに、私は横顔を見ると数字の6の形に見える目立った鼻を父から受け継いでしまった。それを嘆いたとき、母は、高貴な鼻じゃないのと異を唱えたが、教会で一緒だった子どもたちは、基礎的な英語でずばりと真実を言い当てた。

「なぜそんな大きい鼻《ビッグノーズ》をしてるの？」

「ビッグノーズ！　ビッグノーズ！」

私は、紙に次から次へ嘴のような形を描いて、完璧な鼻をものしようとして大量の紙を無駄にした。アニメに登場する少女たちが、ホッピングの棒で飛んだり跳ねたりするのを夢見たこともある。お下げ髪《ピッグテイル》が後光のようなカールになり、タータンチェックのスカートがくるりとまわり、大きな目は光できらきらと輝いている。私がちょうど空を見上げると、一人の少女が空中に飛びあがり、私のところにまっすぐ降りて来て、ホッピングの棒で私の鼻をボタンのように小さくしてくれる。そんな夢だった。

いまの私は「悪い英語」を集めることを習慣にしている。しばしばEngrish.comという名のギャグサイトを見るが、このサイトは、東アジアの国々で撮影された、間違って翻訳された英語の写真をアップロードしている。画像はそれぞれ、貼り紙（たとえばPlease No Conversation, No Saliva）、Tシャツ（たとえばI feel a happiness when I eat Him）、メニュー（たとえばroasted husband）に分けられている。最も閲覧数の多い画像は、人気のタピオカパールが入った甘い飲み物の漫画広告で、こんなキャプションがついている。I'm Bubble Tea! Suck my Balls!

私はこうしたフレーズを盗んで自分の詩で使う。I feel a happiness when I eat Him（彼を食べるとき、私は一つの幸せを感じる）というフレーズも取り入れた。このフレーズには予期せぬ詩の一行が持つあらゆる特質が含まれている。ありふれた感情が、たまたま「エラー」を「エロス」に変えたおかげで、ありふれたものではなくなる。一つの「a」という必要のない不定冠詞はきわめて重要だ。なぜならそのaは、恋人が幸せいっぱいなのではなく距離を置けば幸せを感じるといった程度で、文章を少しばかり悪意のある、「アニマトロニクス」の世界のような調子に変えてしまうからだ。その一つの

「a」は過剰歯に例えられる。彼女が自分の幸福を検討する際に、不確実さという過剰歯を抜いてしまう——つまりは冷静な熟考をすることになるのだ。彼女は、なぜ自分が幸せなのかを良くわかってはいないけれど、彼を食べるときには幸せを感じるのだ。

ある日、Tシャツのカテゴリーのサイトをブラウズしていたとき、たまたま中国人の男の子が内容を知らずにPoontang（セックス、女性器）という言葉が印刷されたTシャツを着ている画像を目にした。この写真は、私が小学校にプレイボーイのバニーのTシャツを着て行ったことを思い出させた。そのときまで私はその出来事をすっかり忘れていたのだ。それを思い出しながら、私はこうした写真を誰が撮影しているかしっかり理解していた。韓国、台湾、日本、中国を旅するバックパッカー、つまり白人やアジア系アメリカ人のツーリストだ。自国ではアウトサイダーである彼らは、旅先では地元の人びとをアウトサイダーとして扱っているのだ。

英語は、永遠に膨張し続ける新自由主義的な「リンガ・フランカ」である——ブランドの認知とアウトソーシングされた労働力のための消費者言語なのだ。国家が発展途上であればあるほど、その国家はコピーライターを必要とする。二〇〇五年、ソウルに一年間住んだとき、質の悪い壁紙のように店頭に貼られているEngrishisms（英語らしき言葉）を撮影して歩いたものだ。だがそれと同時に、私はグローバリゼーションのおかげで英語がどれほど朝鮮語を食い尽くしてしまったかに気づいて、いらいらさせられた。ハングルで書かれた文字を見て、見慣れない言葉をゆっくりと口に出しながら、それが「リポ・スク・ション」、つまり英語のliposuction（脂肪吸引法）という言葉であることに気づいた。ある友人が教えてくれたところでは、一〇代のカップルは「愛してる」という言葉を朝鮮語より英語で口にする方を好むそうだ。なぜならその方が、愛の表現としてより真実味があるからというのだ。

アジア人の子どもが罰あたりな言葉を記したTシャツを知らないで着ている姿は、いつの時点からかインターネットのミームになっているようだ。私はミッキーマウスが中指を立てているTシャツを着た少女や、Wish you were Beerと書かれたタンクトップを着た幼稚園児、Who the fuck is Jesusと書かれたセーターを着て外野席に座る寂しげな少年の画像をネットに見出した。

私は自分の仲間を見つけた、と思った。

かつては恥ずかしかったが、いまは誇りを持ってこう言おう。「悪い英語」は私にとって伝統だ。私は英語に熟達していないことをスローガンに変えているライターたちと文学的系譜を分かち合っている。彼らは英語をハイジャックして亡命者の言語へと歪曲することによって、英語をめちゃくちゃにし、ぶるぶると震動させ、切り刻み、野蛮なものにし、「他者化」する。「英語を他者化する」とは、英語に縫い込まれた植民地支配の力が聞こえるよう仕向け、英語を切り裂いて、その暗い歴史が滑り出るようにすることだ。

「他者　名詞から動詞へ」というエッセイの中で、詩人のナサニエル・マッケイは、名詞のother（他者）は社会的なもの、動詞のother（他者化する）は芸術的なものとして区別している。[*2]

芸術的な「他者化」（Othering）は、文化的な健全さや多様性がそれらに依存して繁栄する革新や発明、変化と必然的なかかわりがある。社会的な「他者化」は、権力や排除、特権と必然的なかかわりがある。特権とは、それに照らして「他者性」（Otherness）が測られ割り当てられ周縁化される名詞（社会的な「他者」）の集中化である。私が焦点をあてるのは、後者の影響を受けている人びとが前者を実践することである。

マッケイは彼のエッセイのタイトルを詩人のアミリ・バラカから借りているが、バラカは、白人のミュージシャンたちが「動詞を名詞にする」ことで黒人音楽から利益を奪ってきた歴史を見事に定義づけている。たとえば音楽に反応することを意味するswingという動詞は、もともと黒人の発明した言葉なのだ。のちに白人のミュージシャンたちがその言葉を剽窃し、商業的なブランドとしての「スウィング」という名詞をケースに入れてしまった。マッケイは、私たちが白人の名詞を奪い返し、植民地主義者の英語に「侵入」してその土地の言葉と混ざりあった新しい言葉を作り出すことによって、動詞に戻すことを要求している。私自身が英語を「他者化」する方法は、それが私を食いつくす前に、英語を食べてしまうことだ。そうした過程では、パク・チャヌクの映画『オールド・ボーイ』の一場面のように、私たちはお互いに食いあいをしなければならない。『オールド・ボーイ』には、男が寿司レストランに乗り込み、生きたタコを注文するシーンが出てくる。まるまる一匹のタコは、皿の上でずるずると動いている。男はそれをまるごと口に入れようとするが、タコは大きすぎる。タコはやがて彼の顔全体を覆い、触手が頭のまわりに巻きつく。呼吸できない彼はとうとう気絶してしまう。すらすらとものを書くことができる日は、私はそのタコになる。

私の母の英語は、アメリカに四〇数年間も住んだあとでさえ、たどたどしいままである。朝鮮語でなら、母は自分の思いを話すことができた。いささか気取った感じではあったが、鋭くウィットに富んだ批判的な口調で話した。だが英語ときたらピアノのキーを叩きつけるように聞こえたので、母が白人と話すときは私はいつも縮み上がる思いがしたものだ。母が白人と話すとき——しばしば相手は女性であったが——その白人が緊張を覚えながらも寛容さが滲む怖れの表情を浮かべるのをこの目で見た。大きく見開いた瞳が強いられた忍耐に凍りつき、恩着せがましい微笑みが顔に広がる。彼女が、母に向かって、よちよち歩きの幼児に向けたような声で答え始めると、私は割って入ったものだ。

子どもの頃から、私は母にかわってできるだけ威厳を持って話すことを学んでいた。相手の目の奥にひそむ嘲笑を払いのけたかっただけでなく、はっとさせるような流暢さで英語を駆使し、なんてことを考えていたんだろうと相手を恥じ入らせたかったからだ。自覚しているが、私が書くことに魅かれたのは、あなた方のすることを最初から最後まで観察していたのよと証明することによって、私の家族を不公平な観点から判断した人びとを裁きたいためでもあった。

アジア風のアクセントを憐れもう。それは、あまりにみっともないアクセントなので、真似してあざける対象にさえしづらいアクセントの一つだ。耳を傾けてもらうためにはアジア風のアクセントで話すのはなんと難しいことだろう。ときどき戸惑いつつも、私があの白人女性と同じように話していることを認めざるをえない。料理を注文するために中華料理店に電話し、レジ係が私を理解できないとき、私はいらいらしながら注文を繰り返す。タイム・ワーナー社に電話し、インド人のアクセントをした人間につながると、私はそれだけでいらいらする。なぜならインドのコールセンターは、めったに社員たちを訓練しない、と聞いているからだ。私は、ウェブで食事の宅配可能なシームレスが考案されたのは、アメリカ人たちが移民のアクセントにいらいらしないで済むからだ、という独自の仮説を持っている。まさにこうした理由で、インドにあるコールセンターは自動化されるだろう。すでに英語によって平坦なものとされた各国のアクセントを、機械がさらに平坦なものにするだろう。

私は、テレビで新しいアジア系のアクセントが生まれているのに気づいている。スクリーンに登場するアジア系アメリカ人以外には使われていないアクセントだ。このアクセントは、穏やかで「シットコム」にふさわしく、聴きとりやすい。だが珍しくテレビでオンエアされているアジア人家族のシットコムを視聴する際には、私は苦痛を味わう。なぜなら、その内容が、あまりにも迎合的でわざとらしいからかいに満ちているからだ。でも、極論すれば、少なくとも私が育ったような韓国人の家族を扱ったショーは、テレビ化しづらいのだ。アメリカ人たちは飽き飽きすると同時に、あっけにとられるに違いない。「なんてこと、誰か児童保護サービスに電話しないの！」そう彼らはテレビの画面に向かって叫ぶことだろう。

詩を真剣に書き始めて以来、私は英語をずっと不適切なかたちで使い続けている。プロのオーケストラの中でアマチュアがシンバルを間違ったタイミングで叩くような、フルートは早すぎるタイミングで吹いてしまうような……そんな言葉で遊んでいる。感情が昂ったところで抑えた言い回しを用いたし、何でもないところで雄弁になった。私はかのコールリッジの『クブラ・カーン』(*Kubla Khan*, 1797, published in 1816) と対にしようと書いた詩に、セールスマンのような言葉を使った。つまり、私が考案したピジン・イングリッシュを使って、それを堂々とした叙事詩に仕立てたのだ。私は、さまざまな英語らしきものを内側に引きずり込み、内側の英語を外にさらけ出したかった。詩を支える柱を少しずつ削ってやりたかった。いや、削るばかりではなく、砕いてやりたかった。けれど、猛烈にやっつけることで、私は何を発見したかったのだろうか？　英語がどれだけ自分にしっくりと合っていないのかを指摘するために、英語をこわせば満足だったのか？

私の祖母は、テレビの古いデート・ショー『ラブ・コネクション』をいつも神聖なもののように眺めていた。英語はまったくわからないのに、二人の人間がカウチに座って言葉を交わしあう様子を大笑いするほど面白がっていた。録音された笑いに合わせて笑いながら、振り向いて私も笑っているかどうかを確かめ、テレビの方に向きなおるとまた笑った。録音されたサウンドトラックに祖母の笑い声が重なるのは、音が吸い込まれる洞穴を作りだし、それが陰気なわが家の緊張感をさらに高めた。祖母がテレビを見ているあいだ、私は警戒し、聞き耳を立て、いまいましいことに私にも笑うように促すサウンドトラックの笑い声にますます苛立っていった。わが家はいつも仮のスペースで、将来への恐ろしい不安のせいで現在が台無しにされていた。私は、母の不機嫌はいつもわかったが、いつ不機嫌になるかは正確に知ることはできなかったから、母が私の名前を声の限りに叫ぶ瞬間まで、待ちに待った。それを合図に私は立ち上がり、家の中の音が外に漏れないよう窓をすべて閉めた。

詩人としての私は、いつも英語を権力闘争の武器として扱い、私より力のある者たちに対して巧みに操ってきた。だが愛情の表現として英語を使うことにはたじろいでしまう。家族が立てる音が外に漏れないようういつも防衛的になっていたせいで、外側の世界をどうやって招き入れたら良いのかわからない。私が育ったのはこうした種類の愛情のなかだった。愛情を苦痛からどうしても切り離せないので、ひとたびその愛情をさらけだしたら、それが酸化して裏切りになってしまうのが怖い——まるで英語を私の家族に敵対させるようなものだから。

不法侵入者と呼ばれる前に、いったいいつまで私は「悪い英語」を収穫する旅を続けられるだろう？　過去には、ハワイのピジン・イングリッシュやスパングリッシュから言葉を借りてきたが、いまでにはこうした言葉を使うときにはよくよく考えなければなるまい。映画『クレイジー・リッチ！』（*Crazy Rich Asians*, 2018）が封切られたとき、ツイッターでは中国系と韓国系のハーフの女優のオークワフィナのアクセントを「ブラックフェイス」と呼ぶ声が多かった。だが、彼女のアクセントは、私が育ったロサンゼルスのコリアタウンのものとあまり違わなかった。コリアタウンの女の子たちがブラックフェイスをやっているなどとは私には思いもつかなかった。彼女たちはただ、まわりのほかのティーンエイジャーたちが話すように話しているだけだ、そう思っていたのだ。

私がこれを書いている時点で、アメリカは政治的スペクトラムの両側でアイデンティティの縮小を経験してきた。白人ナショナリズムの勃興のせいで、多くの非白人は、何世紀にもわたって白人たちが非西洋文化から収奪してきたことへの賠償を要求するばかりでなく、自らのアイデンティティを怒りとプライドをもって擁護した。ただ、この正当化された怒りの副作用は「新しいことはするな《ステイインユアライン》」という政治であったし、そうなるとアーティストやライターは、自らの個人的な人種体験からのみ語ることを求められる。こうした政治では、人種的なアイデンティティを純粋なものと仮定するばかりでなく——人種グループが重なりあうなかで発生する実生活のごたごたは無視される——それを知的所有権のレベルにまで引き下げるのだ。

詩や小説に感銘を受けるとき、人間である私たちの衝動は——ルイス・ハイドの表現を借りればそれが「そのあとに、相互につながった関係性」を痕跡として残すように——それを分かち合いたいということである。[*3] だが市場経済の場において、アートは、流通から外されて保管される。アート作品が流通する場合には、それは利益のためであり、さらに利益の額は白人がそのアートを作ったことで著しく増加する。このテーマについて、アミリ・バカラはきわめて貴重な発言をしている。「すべての文化はお互いから学ぶ。だが問題は、仮にビートルズが、彼らの知っていることはすべてブラインド・ウィリー［・ジョンソン］から学んだと私に言ったとしても、なぜ黒人《ブラインド・ウィリー》が、ミシシッピ州のジャクソン市でいまだにエレベーターを運転しているのかを知りたい」。

　こうした不平等な富の配分は正さねばならないが、そうする際には、ルイス・ハイドの呼び方では「贈与経済《ギフトエコノミー》」のなかでの文化交流の測り知れない価値を忘れてはならない。市場経済に反応するうえで、私たちは市場の論理を内面化してしまう。そうなると文化は、他人と分けあったなら価値が減少してしまう製品のように退蔵されるのだ。その過程で私たちは、英語を非植民地化するかわりに、敵意を持つ国民国家群に小さく切り分けてしまう。革新の魂は、異文化間のインスピレーションがあるところで盛んに見られるものだ。仮に私たちが、自分の居場所《レーン》に限定されてしまえば、文化は死んでしまうだろう。

　映画作家のトリン・T・ミンハは、あなたの経験の外側にある文化に「ついて話す」(speak about) のではなく文化の「近くで話す」(speak nearby) ことを提唱する。『アートフォーラム』誌のインタビューの中でトリンはこう語っている。[*4]

> あなたがそれに「ついて話す《スピーク・アバウト》」よりもそれの「近くで話す《スピーク・ニアバイ》」ことを選択した場合、まずしなければならないのは、あなた自身とあなたの映画に現れる人びととのあいだに生まれるかもしれない空白《ギャップ》を認識することね。言葉を変えれば、表現のためのスペースを空けておくこと。そうすることで――あなたが自分が取りあげる主題にとても近づいたとしても――彼らに代わって、あるい

は彼らの立場で、あるいは上から目線で話さないことにも十分気をつけていることになる。あなたは——相手が肉体的にそこに存在していようがいまいが——ただ「近くで話す」ことができるだけであり、そうすることから次のような必要が生じます。いわく慎重に意味を保留し、簡単に意味が完結するのを防ぎ、そうすることで生成過程に空白《ギャップ》を残す、という必要です。そうすれば、別の人間が入りこんで、彼らが望むようにそのスペースを埋めることが可能になります。このアプローチは双方に自由をもたらすし、その映画の中に倫理的な姿勢を認めた映像作家たちに取り上げられることも期待できるわ。他者との関係で権威ある地位を手に入れようとしないことで、あなたは知ったかぶりの主張と知識量のヒエラルキーで形成されるエンドレスな判断基準から、自分を実質的に解放できるのよ。

私が本書でモジュール化されたエッセイを書くことにしたのは、アジア系アメリカ人の置かれた状況がひどく込み入っていて、その全体像を把握することができず「その近くで話す」ことしかできないためだ。つかまえようとすればするほど、アジア系アメリカ人の置かれた状況は私の手の届かないところに行ってしまう。最初、私はそれを抒情詩で表そうとしたが、私にとって抒情詩は舞台であり、そこから私は、自分がそうでないものについての声を投げかける（誰であれ非白人にかけられた呪いは、自分が何者でないかを議論するのに忙し過ぎて、自分が本当は何者であるかに辿りつけないことだ）。私はときどき、主題であるはずのアジア系アメリカ人が、恥ずかしいほど熱意に欠けているのを発見し、それを変えたいと強く思う。だからこそ私は、この本ではエピソードに頼る形態を使うことに決めた。その形態なら逃げ道があって私にさまようことを許してくれる。でも私は、つねに別の角度からまた戻ってくる。それが少しずつ問題に近づいてゆく私なりの方法だ。

もっとも、仮に私が、私自身のアジア系アメリカ人の状況について「近くで」書くならば、他の人種の経験についても「近くで」書かずにいられない気分となるだろう。学生たちは私にこう聞いてきたものだ。「「白人性」につねに反応することなしに、どうやって人種的アイデンティティについて書けばよいのですか？」それに対する機械的な答えは「あなたの物語を書きなさい」というものだ。だが、この答えもまた白人性に対する反応になってしまう。なぜなら白人の出版者たちは「ムスリムとしての経験」や「黒人としての経験」を欲しがるからだ。彼らはエスニシティを縦割りに捉えたがる。その方がわかりやすいし、レッテルを貼るのも簡単だからだ。私はものを書き始めて以来、自分の物語を伝えることだけでなく、白人性から軸をずらすある種の形態――まあ話し方だが――を発見することにも関心を持ってきた。私が悪い英語を使うことに決めたのは、アーティストのグレッグ・ボードウィッツが急進的なアートについて述べたのと同じで、悪い英語ならば――普通の状況ならば同じ部屋に入ることのない諸集団を一ヶ所に集めることで――ソーシャル・メディアのアルゴリズムや消費者の人口動態を回避できるからだ。

悪い英語をツイートすることはできない。もし私の詩から取った一行をツイートしたなら、鉛の風船のように沈んでしまうだろう。悪い英語は、オフラインで、たとえば本やライブのパフォーマンスの中で分かちあうのが一番良い。悪い英語はインタラクティヴな語法であり、理解されるためには声高に読み上げられる必要がある。だが私が悪い英語を十分理解していなかったとしても、そのなかなか歯ごたえのある音節は、文化的な源のいかんにかかわらず私にはなじみ深く聞こえるし、それが白人以外の人種集団を結びつける所以だろう。それでも、悪い英語は消えゆくアートだ。なぜなら、インターネットは途中でスクロールしないで済むような、明瞭で簡潔な詩を書くことを私たちに要求するからだ。もし誰かの強いアクセントのある英語を本当に理解しようとするなら、スピードを落として全身でそれを聴かなければならない。自分の耳を訓練し、注意力のすべてを耳に集中しなければならない。けれど、インターネットはそうする時間を与えてくれないのだ。

だから、それが可能なかぎり、私はロドリゴ・トスカーノやラターシャ・N・ネバダ・ディグスの「近くで書きたい」。トスカーノは自らのスパングリッシュの音節をタフィーのようにばらばらに分ける（tha' vahnahnah go-een to keel joo「そのバナナは　あんたを　殺すだろう」）。ディグスは黒人のスラング、日本語、スペイン語、チャモロ語、タガログ語を融合し、リマスターされたアフロフューチャリズムの歌を作り上げる（... bubblegum kink/a Sheik's interloper./A radical since 1979. /hurjo. /A tommy gun. A were-wolf.「……バブルガムのよじれ／シャイフの侵入者／一九七九年以来のラディカル／まじない師／トミーガン、人狼」）。私はラティンクスの体験を彼らに代わって語ることはできないが、自分の悪い英語についてトスカーノの悪い英語の「近くで書く」ことはできる。読者がトスカーノと私のあいだをつなげられるように、節と節、フレーズとフレーズのあいだに空白《ギャップ》を入れながら。

ウー・ツアンは、スウェーデン系アメリカ人と中国人との混血の、トランスジェンダーのアーティストで、面長の女性的な顔立ちと親身な温かい光をたたえた茶色い瞳を持つ人物だ。彼女はモダン・ダンサーのように髪をトップノットに結わえ、大きすぎるタンクトップから日焼けしたたくましい肩をのぞかせ、この世の者ならざる雰囲気と同時に、地に足のついた逞しさを感じさせる。森林の空気の精にも見えるし、はたまた大学寮で「セーフスペース」の重要性について説く誠実なレジデントアシスタントのようにも見える。

　二〇一二年、ウーは『ワイルドネス』（*Wildness*）というドキュメンタリー映画を撮影した。それは、黄昏時という最も魔法に満ちた時間のロサンゼルスのトラッキングショットから始まる。解放された影が、その時間でなければじりじりと照りつける太陽によって平板にされてしまう街に、深みを与えている。燐のように発光する空のピンクの輝きに呼応するかのように、街路灯に光が入る。最初は柔らかにだが、暗闇が降りるとその白い光は不気味なまでにまばゆく光り、誰もいない街路をＵＦＯが着陸する滑走路のように見せる。ストリップモールも夜の闇に閉ざされ、ネオンサインが灯りだす。ネオンサインの字体は店頭のヘルベーチカからホテルの最上階を飾るアールデコ調のヒエログリフまでさまざまだ。私は、コリアタウンのすぐ外側にある、伝統的様式のブロックス・ウィルシャー・ビルのタワーの緑青《ろくしょう》に彩られ段々になった頭頂部に明かりが灯るのを見る。宝飾品のカウンターで働く友人がいたので、母はしばしばそこに通ったし、私も連れられてゆくことがしょっちゅうだった。母が更衣室でパンツを試着しているあいだ、私の方は、さまざまな段階だが着ている物を脱いでいる白人女性たちに囲まれていたことを思い出す。一九九二年に略奪者たちがビルに乱入し、トラバーチンの床にガラスのかけらが紙吹雪のように散乱したあと、デパートは永久に閉店した。

　ウーは最近、ＵＣＬＡのアートスクールに通うためロサンゼルスに引っ越し、ただちに「シルバー・プラッター」と呼ばれるバーで「コミュニティ」を発見した。バーの名前は、ラテンアメリカ人地区であるウェストレイクの西七番街に、アイスブルーのネオンできらめいている。何十年ものあいだ、地元のラテン系のトランスジェンダーのコミュニティがシルバー・プラッターに集まってきた。そこでタレントショーを演じてみせたり、カウボーイハットをかぶったメキシコ系のシスマン（非トランスジェンダーの男性）と踊り、四ドルのシャンペンを飲むのだ。バーそのものは、擦れたチェッカー柄の床で、椅子もビニールという平凡な場所だ。だが夜になると、一番のタフタに身を包んだ女性たちが歌う場所に変身する。なかには、マスカラやシャンデリア型のイヤリングで覆い隠した顔に、悲しい子ども時代を隠している者たちがいる。インタビューされた一人のエリカは、メキシコに住む父に、お前はおんなおんなしすぎると言われてブーツで殴られた過去を語り、でも本当に傷つけられたのは人前で殴られたことだ、と胸中を吐露する。ついに逃げ出した彼女は、北へ向かう貨物列車の屋根に飛び乗ったが、その列車は、無数の無賃乗車の人間がそこから転落し、死んだり不具になるほど傷ついたりしていたため「ザ・ビースト」と呼ばれていた。国境を越えた彼女はロサンゼルスに辿り着きシルバー・プラッターを見つけた。彼女にとって、そこは暴力的な家族や国境警備隊、憎悪からの避難所だった。

二人はとりわけ親しい間柄だが、エリカは英語を話せず、ウーはスペイン語を話せない。それでも自分たちはお互いに理解しあえる、とウーは主張する。「父は中国語を教えてくれなかったけれど、私はその欠落のおかげでみんなと親しくなれたの」とウーは語る。彼女が言いたいのは、愛情とは、言葉に頼らずに、触ったり、食事をしたり、一緒に夜を過ごすことで表現できる……そう学びつつ育ったということだ。一緒に夜を過ごせば、『白鳥の湖』のオデットのように、ウーとエリカはお互いを本当にさらけ出すことができるのだ。

「シルバー・プラッター」はとても特別な場所なので、ウーはそれを皆と分かち合いたいと願う。毎週火曜日の夜にパーティーを開いても良いか、と彼女はバーのオーナーたちに尋ねてみた。彼らは同意し、そのほとんどが黒人やヒスパニックであるウーの友人たちを受け入れてくれたが、地元のトランスジェンダーの女性たちから見れば、彼女たちは高学歴でアメリカ社会に同化していて、それゆえに「肌の色は千差万別だけどしょせんグリンゴ（アメリカ人）たち」だった。「ワイルドネス」と呼ばれる火曜日のパーティーには、ロサンゼルス中のクィアやアーティストが引き寄せられている。ウーと友だちのアシュランドが、ソプラノが歌っているあいだに誰かの尻からはビーズを引き出すといった不条理主義のドラァグ・ショーを主催している。自分たち仲間《キャンプ》のことを伝統的スタイルの魅力というよりアヴァンギャルドなのだと捉えるこうしたクールなクィアたちに圧倒されて最初は場違いに感じていた地元の女性たちも、次第に「ワイルドネス」を愛するようになる。ウーが望んだように、新しい家族が形成されているのだ。

それまで私は「遊び」もまた抵抗の道具になりうることを忘れかけていた――二〇一六年の大統領選挙のあとではね。トランスジェンダーの人びとの人生の不安定《プレカリティ》さは明るみに出されるべきだが、その破滅的などんちゃん騒ぎもまた明るみに出されるべきだ。ホセ・エステバン・ムニョズは彼の著書『クルージングのユートピア――クィアの将来』[*5]でこう書いている。「私たちは、新たなより良い楽しみ――この世界での他の生き方――を演じるべきだ。クィアであるということは、現在のネガティヴで苦労の多いロマンスを超えて私たちを前に進ませる熱望なのだ」。たとえ束の間であっても、アートとはまだ到来していないものを夢見ることだ。だが現在、私たちはこうした隠された世界の数々を、どのようにして創造してゆくのだろうか――こうした秘密のユートピアをソーシャル・メディアがほとんどただちに根こそぎ表に出してしまい、私たちがアートや詩を分かち合っている世界がＩＴ企業のアルゴリズム的な目にさらされている時代に？

やがて「ワイルドネス」は、間抜けなヒップスターたちが侵入したせいで、ひどく混雑した場所になってしまう。『L・A・ウィークリー』紙は、バーについてトランスヘイトに溢れる見下すようなレビューを載せる。自分は、そのバーをジェントリフィケーションの対象としてしまった一人だというウーの罪悪感が、映画全体のトーンを損なっているし、その罪悪感は彼女のすべての善意を汚している。ウーはバーの脆弱なエコシステムを守るため、ついにパーティーの開催を中止する。映画の最後のショットは、ウーの主催したパーティーが避難所《サンクチュアリ》としてのバーをほとんど破滅させたにもかかわらず自分たちの友情は続いていると証明すべく、地元のトランス女性たちとウーが一緒にピクニックをする場面だ。私はウーの罪悪感を感じ取るとき、ついあらさがしをしたくなる。だが私のこうしたあらさがしも自己中心性から生まれていると認めざるをえない。なぜなら、アーティストの罪悪感は伝染するので、自分が感染しないようにそれをぴしゃりと叩きつけたくなるのだ。いったい、ウーとエリカの友情は、この映画が撮影されたあとも続いたのだろうか？　ウーがラテン系のトランスジェンダーの人びとが受診できる無料クリニックを開いたのは、実際に変化をもたらすためだったのか、それとも自分の罪悪感から解放されるためだったのか？　映画『ワイルドネス』が成功したおかげで、ウーのキャリアは急上昇し、彼女はマッカーサー天才奨学金を受賞した。彼女はこの賞金をくだんの女性たちと分けあうべきだろうか？

私の成長した頃には、黒人やヒスパニックの子どもたちは常日頃からレイシストだった。韓国人の子どもたちも常日頃からレイシストだった。こうした非白人の子どもたちに「吊り目」と言われても、私はたいして傷つかなかった。彼らに言い返す罵り言葉があったからだ。私たちのなかで罪のない犠牲者など、私には誰一人として思いつかない。だが、私たちは誰もが平等な立場だったと私が言うのも間違っているだろう。その理由から私は、私にとっての悪い英語を、あなたの悪い英語の隣に書くことはできないのだ。「近くで話す」努力をするなかで、私は私たちのあいだの距離にも直面しなければならないが、それは挑戦的なこととなる。なぜなら、私が関与したとしてもけっして十分な関与とはならないからだ。私たちのあいだの距離とは、ずばり階級を意味する。コリアタウンでは韓国系が表で働き、メキシコ人たちは裏方だった。母は、私が友だちを作ったとき、あの子とは遊んではいけないよと言った。なぜかと聞いた私に、あの子はメキシコ人だからよ、と答えた。この話の怖いところは、その友人に「あなたはメキシコ人だから、一緒に遊べないの」と言ったら、彼女がこう答えたことだ。「でもあたしは、プエルトリコ人よ」。

　ライターのジェス・ロウは、彼の著した『白人の逃走――人種、フィクション、アメリカの想像力』[*6]の中で「アメリカの大きな、そしておそらくは壊滅的な間違いは、共生するのが何を意味するのかを想像できなかったことだ」と書いている。ロウは、この洞察を戦後の白人の小説家たちの文脈から説明する――彼らの小説の中の白人の登場人物たちが複雑化を避けて「想像上の自我」を完成させられるように、「不都合な異なった顔」を背景から消し去ってしまうのだ。自分のアジア人としてのアイデンティティを考えるとき、私には、想像上の世界を封印して同類だけしかいない世界にしてしまう、なんてことはできないだろう。なぜならそうした行為は、この人種隔離された想像から距離を置くかわりに、それに追随することにつながってしまうからだ。

　だけど、こう記してきたあとで、私は思う。前例がそれほどはないのに「共生する」ことについて私はどう書けばよいのだろう？　多文化的な同一性の安易な空想に頼ることなく、またはきっかけとなる清浄液のような美徳の言語に頼ることなく、それについて書くことができるだろうか？　誠実に書くことができるだろうか？　どれだけ自分が傷つけられたかだけでなく、どれだけ他者を傷つけたのかも？　そして罪悪感に苛まれることなく——なぜなら罪悪感は、赦免を求め、それゆえに利己的なものだから——それをなすことができるだろうか？　言い換えれば、私は、あなたの赦しを求めることなしに、あなたに謝罪できるのだろうか？　いったい私は、どこから始めればよいのだろうか？

5　ある教育

エリンと初めて会ったのはメイン州で開かれたハイスクールのアートキャンプだった。ロサンゼルスの家族と離れるのは初めてだったから、ダサい家族から逃避していつでもなりたかった悪い子になれると考えた。勢い込んで持ち込んだなかにはコンバットブーツ、フガジやペーブメントのテープ、それにマールボロ・ライトが一箱あった。だけど着いてすぐに私はお呼びじゃないことがわかった。ニューヨークの子どもたちはラリー・クラークの映画『ＫＩＤＳ／キッズ』(*Kids*, 1995) のなかで描かれている子どもたちのようで、ニヒルでヒップだったからだ。エリンはそのなかでも目立っていた。左右揃っていないボブヘアーの傍若無人な背の高い台湾人。ヴィンテージな茶色の普段着は足元まであり、膝まであるコンバットブーツときたらムーンブーツのようにでかかった。私はぶるってしまい、エリンを避けたものだ。

だけど、エリンが私の描く絵が好きだったので、私たちはデッサンのクラスでぎこちなくだが友だちになった。私たちのイーゼルは隣り合わせに立っていた。私たちはお互いの絵について素敵ねと言い合った。エリンが私のイラストペンを借りたり、私が彼女のマスキングテープを借りたりした。だけどデッサンのクラスが終わってしまうと、エリンの相手は私なんかよりずっとクールな友だちだったし、私は寮の陰気な地下にある部屋に南部白人のルームメートと時間を潰すために戻った。ルームメートは自分の周りに充満している東海岸の気取りへの挑戦として、巨大なアメリカ国旗を壁にかけていた。

一度、土曜日の晩だったけど、エリンが私に「画を描きに行かない？」と訊ねてきた。彼女の話では、リサーチアシスタントが空いている部屋を使ってよいと言ってくれるのだけど仲間が欲しい、とのことだった。クラスの外で誰かと絵を描いたことはなかったけれど、私はすぐに好いわと答えた。アートの制作はとてもプライベートなことだった。家では週末の晩に、日常から逃れるために一人になって絵を描いたものだ。空いた部屋を使い、テープデッキではニューオーダーの歌が聞こえるなか、枠のないキャンバスを友だちの隣で壁にかけてクランプライトのスポットをあてるのは、あまりにも親密なことに感じられた。とりわけ私たちは本物をでなく、想像力で絵を描いていたからだ。ぱぱっとスケッチして一歩下がって自分の描いたものを眺めるという、一人だったら自然なことが、エリンのためだけにやっている自意識過剰な行為に感じられた。いっそスモックを着てベレー帽をかぶった方が良かったかも。けれど、自分がアーティストの役を務めているのだと心底で気づいたからこそ、アーティストとしてのアイデンティティが生まれて初めて現実のものとなったのだ。

おしゃべりしているうちに、エリンの威嚇するようなオーラは消えていった。彼女はニューヨーク市の出身でなく、ロングアイランドの郊外の出身だった。そこで地元の公立学校に通っていたのだ。両親はコンピュータ・プログラマー。エリンはイアン・カーティスのひたいから飛びでてきたエーテルのような存在だったから驚いたのだが、彼女の両親も私の両親と同じでまったくの移民だった。エリンがエーテルみたいに振る舞ったというわけではない。あるときには彼女は放屁をした。私がショックを受けているのを見て、彼女は笑って言った。「どうしてお尻をとじて歩かなきゃならないの？我慢するのは身体に悪いよ」。おおむね私たちは黙って絵を描いた。エリンはマックス・エルンストに影響を受けていて、人間に似た鳥のような姿を描いて私をびっくりさせた。私は彼女を真似て、自分でも人間に似た何かを描き始めた。何時間も経った。私は普段の慎重さを捨てて猛烈に描いた。遠くに聞こえていた押し殺したような話し声や笑い声も、寮の誰もが眠ってしまうと消えていった。テープが終わってキーッという音を立てると、聞こえてくるのはコオロギがウシガエルの低音に合わせようと鳴く声だけだった。ウシガエルの鳴き声は大きくなり、私たちのいた部屋は――第四の壁のない人形の家の部屋のように――寮から追い出されて繁茂した森の中へとたゆとうてゆくように思えた。

二〇一三年にエリンと私はチェルシーで、ロサンゼルスのコンセプチュアルアートの画家のジム・ショーがしてみせた展示のオープニングに出席した。ショーは中古品屋でアマチュアの絵をやまほど買い込んで、それらを一流の画廊でサロンのように展示して見せるのだった。彼はそうした絵を主題ごとに展示した。道化、ネコ、ＵＦＯといったアマチュア画家の好みそうな安っぽい主題だった。私たちも他の見物客と同じくポートレートの中をぼけーっと眺めながら進んだ。ポートレートはタブロイド紙のようにケバケバしかった。この展示は激賞されていた。批評家の一人は、ショーは「主題を中心から外したことで伝記や署名という概念を破壊し、ポストモダン社会のルーチンを粉々にした」と記したものだ。

そのうちに私たちは、なじみ深いシュールレアリズムの作品に出会った。アクリル絵の具を厚塗りして鳥のような姿を描いている。ずいぶん昔に私たちが出席したアートキャンプでエリンが描いた未完の作品だった。そこにある駄作の群れのなかで、エリンの作品はよく考えられているというよりナイーヴに見えた。効果を計算して発展させたスタイルというより、正式に学んでいないプシケが思いがけず生み出した気味の悪さがあったのだ。ショーがそれを見つけたのはロングアイランドの中古品屋だったにちがいない。エリンの母親が彼女のハイスクール時代のポートフォリオをそこに抛り投げたのだ。そしてショーが見出したことで、このどこかに行ってしまっていた絵が価値ある収集品になったのだ。

エリンは自分の絵に当惑していた。子どもの遊びで、とるにたらない作品だと言った。私はくだらない若描きの作品がいまでは何百万ドルもしている有名なアーティストを次々と思い浮かべていた。そのアーティストの初期の段階を示しているというので、いたずらに描いたようなものがアーカイブに麗々しく飾られている芸術作品になっている。私はエリンに、自分の作品だとジム・ショーに名乗り出るよう促した。でも彼女はその考えを嫌がった。二〇一三年のその時点でエリンはヨーロッパでは個展を開いてきたが、ニューヨーク市ではまだだった。私がくどくどと言うのを聞いて、エリンはもう黙ってと答えた。「私がチェルシーでデビューするのはこんなかたちでじゃないわ」。

私は二〇代の頃ジョーという男を知っていた。絵を描いていたがチーズバーガーとかいうバンドで歌ってもいた。モーリス・センダックの絵本の人物のようにチビでずんぐりしていたが、舞台にあがるとロバート・プラントのように身体を震わせてシャウトした。ローライズジーンズのせいで尻の割れ目が手のひらくらいの長さで見えていた。スポットライトがよく似合っていた。二〇〇八年に、私はカナダという名前のロウワーイーストサイドにある画廊で彼の個展を見かけた。一五ドルでボストンまで行けるチャイナタウンバスが出発するすぐそばだった。寒々した画廊の中に足を踏み入れると、展示作業がまだ終わっていないのかと思った。いくらかの薄汚い下塗りのされていないキャンバスがあるほかは、壁はがらんとしていた。一つのキャンバスには嬉しそうな顔が殴りがきされていた。かと思えば、スーパーマンのSのサインを子どもっぽく描いているキャンバスもあった。ジョーのバンド仲間でさえ苛立っていた。「ジョーはどれもこれも土壇場になってやったってわけだ」。

ジョーの個展は炸裂した。のちになって彼は、その世代の「マチズモ過剰のバッドボーイの前衛芸術家で、美的な因習ないし社会規範、あるいはそのどちらにも反抗している」と評された。彼の絵はプリミティヴィズムと表現されたが、それでも「ディジタル時代の超時間性」を表していた。批評家たちは彼がほとんど手を加えないことでどれほど「うまく切り抜けて《ゲッタウェイウィズ》」いるかに驚嘆した。ごく最近私はエリンのパートナーで画家兼インスタレーション作家の男性に、その頃何をしていたかと訊いたら「僕はジョー・ブラッドリーを一枚売りさばいていたよ」。「いつから自分はジョーの作品を扱っていると言いだしたの?」「ジョー・ブラッドリーの作品をイヴァンカ・トランプのペントハウスへと売ったときからだよ」。

アヴァンギャルドの系譜は「罰を逃れ《ゲッタウェイウィズ》」た白人のバッドボーイのアーティストたちを辿ってみればよい。始まりは男性便器に自分の名前をサインして泉と名づけたマルセル・デュシャンが、それをアートと呼んだときだ。それは基準に抵抗し、最終的にはアートをアートそのものから解放するに至る先鞭をつけたものだった。アーティストがアート作品を熟達から、ついで内容から、さらにはマルティン・ハイデガーがアートにおける「もの」と呼ぶものから作品を解放する。作品を外されたら、残されるのはアーティストの活動だけになる。問題は、歴史がアーティストの逸脱《トランスグレッション》を「アート」と認めてくれなければならないことだが、そうなるとアーティストが権力に近づけるか次第となる。女性のアーティストはめったに「罰を逃れ」られない。黒人のアーティストはめったに「罰を逃れ」られない。裕福な寄宿学校の生徒がひき逃げをしても「罰を逃れられる」のと同じで、「罰を逃れ」るのは無法というのではなく、法を超越しているのだ。バッドボーイのアーティストは、その人間の属性から好きなことをできるのだ。逸脱を犯すバッドボーイのアートは実際のところ一番リスクが回避できるのであって、ある種のファン——たとえば銀行家のコレクター——への陳腐な人気取りの無限ループとなるのだ。

白人のバッドボーイたちの「ブロマンス」の上にアートの運動が築かれてきた。白人のバッドボーイたちの業績は余すところなくカタログ化されている。「コラボに沸き立つ」バッドボーイたち、今では神聖化されランドマークとなっているバーでの（ランドール・マクネアの言葉を借りれば）「一〇年に及ぶ酒浸り」をしているバッドボーイたち。こうしたバッドボーイたちは若い頃から自分のレガシーなるものに投資し、批評家たちは彼らが成熟する前にやすやすと彼らのストックを買ってしまう。ただし、遅まきながら女性の重要さが認められている。女性アーティストは遡って死後の検証をされている。考古学者は、聖堂の地下室を発掘して過小評価の天才がまた見つかったと発表しなければならないのだ。

友情というものについて読むにつれて——マイク・ケリーとジム・ショーとポール・マッカーシーのあいだの友情、ジャクソン・ポロックとウイレム・デ・クーニングの友情、ポール・ヴェルレーヌとアルチュール・ランボーの友情、さらにはアンドレ・ブルトンとポール・エリュアールの友情——女性たち同士の、いやいやさしあたってはアーティストやライターとして成熟した有色人種の女性たちのあいだの友情について読みたくてたまらない。この何十年かのあいだに大量のフェミニストのライターやアーティストが進出してきたが、それでも彼女らの美的なプリンシプルに基づいての友情について読むことはきわめてまれなままである。文芸やアートの年表を繰ってゆけばゆくほど、孤独は募るばかりだ。もっとも、実際の人生では私は孤独ではない。エリンとヘレンとの私自身の友情を通してそうした絆を経験してきたのを自覚しているからだ。

たまたまエリンと私はともにオーバリン大学に進んだのだけど、二学年になるまで親しくはならなかった。残念なことに、彼女はオリエンテーションに、ロングアイランド出身のタトゥーアーティストのボーイフレンドと一緒に出席したのだ。キャンパスで最初にエリンを見かけたとき、エリンはごてごてのパンクななりで、顎や鼻の隔膜にピアスを刺し、腕にはスパイニータトゥーがたくさんあった。ボーイフレンドの方も同じようにピアスとタトゥーだらけ。彼ときたらあんまり白いので、ドレッドヘアーまで白かった。

このボーイフレンドはクロゼットの大きさしかない寮の部屋で一日中べったりと彼女と一緒だった。当時の私は、彼のせいでエリンは社交的でないのだと思っていた。だって皆と一緒に食堂で食べるのでなく、寮の小さなキッチンでヴィーガンのカレーをチンしていたのだ。アートを制作したり勉強をしているのでなければ、エリンは黒いビロードの毛布をかけて、時を選ばずに寝ていた。その毛布は家具カバーのようにこぎれいだった。振り返ってみて、眠気を誘う静かな語り口のエリンと、現在知っている騒々しくて自説に固執するエリンとを重ね合わせるのは難しい。

私はエリンの受動性は、支配的でおそらくはサイコだと私が疑っていたボーイフレンドのためではと思っていた。たぶん私は少しばかりエリンに対し独占欲もあったのだろう。エリンはこうした自分への羨望や独占欲を、友だちに——とりわけ後になってヘレンに——かき立てた。ただ、エリンのボーイフレンドはぼんくらだったけど、彼女があれほどナルコレプシーにかかっているように眠ってばかりで受動的だったのは、彼のためではなかった。エリンのボーイフレンドは、彼女が悲嘆に暮れているあいだ彼女のためにそこにいてやれるただ一人の人間だったのだ。

ヘレンの方は、自分が最初に私に気がついたのは二年生になってからだったと言った。「化学と犯罪」というやさしい授業で、教授はO・J・シンプソン裁判についてものうげに延々と話していたものだ。「あなたはコカインをやりに毎朝エスケープしていたわね」とヘレンは観察していた。それは、授業が退屈だったからバスルームに行って仕切りに入って五分間過ごす、という私の習慣についてのおかしな認識だった。私は、本当は気づいていたけど、彼女がその授業に出ていたとは知らなかったとヘレンに言った。ヘレンは長い黄色っぽく染めた髪をしていて、韓国人の留学生にとっては誰にとってもステータスを表すのに必須アイテムだったバーバリーのスカーフを巻いていた。ヘレンの外見はわけがわからなかった。芸術家気取りのコンセルヴァトワールのプレッピーな学生……というところだったのだから。

ヘレンが私やエリンの人生にどのように入ってきたかは思い出せない。ただ、私とエリンがヘレンに会ったときにはずーっと知りあいだった気がした。年を追ってヘレンはエリンに似てきた。黒い服、ずんぐりした靴、攻撃的な黒のフレームの眼鏡、はては最終学年には彼女らしいなかなか魅力的な男役《ブッチ》のようなりに至るまで。ヘレンは父親のキャリアが海外駐在を必要としたので、彼女もクラシックのバイオリニストになるためにオーバリン大学のコンセルヴァトワールに進学するまでに六つの異なった国に住んでいた。そして、演奏するプレッシャーに燃え尽きてしまい、宗教とフィンアーツとを学びにカレッジの方に移ってきた。どんな学問分野にせよ、完全にそれを捨て去るまでは、ヘレンは情熱をもってのめり込んだ。ヘレンは友だちや恋人にもそうした——住んでいる国に対しても。ヘレンは五ヶ国語を話したし、アクセントの違いを聞き分けるのも早かった。ロンドンに住んだあと、彼女一家はボルチモアに移ったが、ものの一週間で彼女はアメリカ英語のアクセントに切り替えた。

ヘレンは何に対してもこだわらなかった。神とアートに対してだけだった。それと彼女の身体に対してだった——彼女は極限まで痩せてみたりした。体重が増えるからといって躁鬱病の治療薬の炭酸リチウムは服《の》むのをやめた。イースターの時期だった。寒くて明るくてきらきら光るような日に、ヘレンは父親の淡青色のリンカーンをキャンパス中乗り回した。彼女の好きな友だちにピープスという名のピンクのマシュマロを降らせ、嫌いな者には炭酸リチウムの錠剤を降らせた。

私の両親が私にくれた最大の贈り物は、教育とキャリアを選ばせてくれたことだ。両親の借金を自分が返さねばとか、週に一日の休みもない厳しい労働から楽にしてあげなければとか……そういう義務感を持っていた私の知り合いだったコリアタウンの子どもたちにはこれはあてはまらないのだ。富裕層の韓国人の両親には、子どもたちのそうした言い分はぴんとこない。彼らは、無慈悲に子どもたちのキャリアや結婚を管理しようとするし、その結果として子どもたちの人生を破壊してしまう。それというのも、親が自慢できるようにという理由からだけだ。私が幸運だったのは、父も詩人になりたかったことだ。そのことを父は、私がオーバリン大学で詩の講義を受けるまで一度も私に明かしたりしなかったけど。

父のビジネスがとても順調だったので、私がティーンエイジャーになる頃には白人の郊外住宅地でプール付きの家に住んでいた。燕が塩素殺菌されたプールから一滴するするために急降下しまた急上昇してゆくのを、窓から眺めていたものだ。燕の動きが私の家族のなかの不幸を消し去ってくれたわけではなく、むしろそれを浮き彫りにした——なにせ私たち家族は孤立していたのだ。思春期の私の憂鬱の源を説明すると、結局母のことを記すはめになる。それこそがこの本の中で私がもがいてきたことだ——母について語ることなくどうやって自分をよく知ることができようか？　アジア系アメリカ人のナラティヴはいやおうなく母親のことに立ち戻るのか？　私が詩人のホア・グエン（ベトナム人の母親と彼女らを捨てたアメリカ人の父親を持っていた）に会ったときに彼女が最初に質問してきたことは「あなたのお母さんについて聞かせて」だった。

「いいですよ」と私は答えた。「初対面の緊張がほぐれるわね」。

「あなたのお母さまはアジア人だわ。きっと興味深い方よね」

少なくともいまは先送りしなきゃと思う。まずはアジア系の女性たちとの友情について記した方が良いだろうから。母のことを取りあげると、このエッセイ集に大きな穴をうがちながら入ってきて、母しかいないというところまで至ってしまう。私にはまず、借りを返しておくべきものがある——この国に対して、私たちがどのように描かれてきたかに対して。そのあとで私は、母は壊れていた、だけどどのように壊れていったのかはわからない、とだけ言うことになる。病気の名前がわからぬときには、母は子どもに責任転嫁する。助手席に座っているだけで私は罪の意識を感じていたが、そのとき母は、あたしたち二人とも死ぬのよと脅しながら、ほかの車に衝突しかけるまで警告なしで対向車線へと乗り入れる。

その頃、私の頭には電話の発信音が聞こえていた。私は母から隠れ、通っていたハイスクールの恐ろしい富裕な生徒たちから隠れた。私はアートに逃げ込んだが、学校のアートのスタジオにいないときには、私はスクールバスの中で自分が透明人間になれたらと願っていた。スクールバスには、毎日私の友だちや私に向かって、あんたたちは犬のように醜いのよと思い出させる一人のいじめっ子の残酷さが充満していた。私の家の収入のいかんにかかわらず、私たち家族は胸の中に深く刺さったトゲをはき出すことはできなかった。暴力のそうした染みはどこに行っても私たち家族を追いかけてきた。私はオハイオに移れば逃げられるかと思ったが、そこにも追いかけてきたのだ。

エリン、ヘレンと私は、毎週火曜日には、いつでもフライドポテトのスペシャルを広告していたダイナーのJ・R・ヴァレンティンズに出かけた。ロードサイドのダイナーの屋根はとても高い緑の屋根で、駐車場には車の数よりも茶色い雪の山の方が多かった。キャンパスから数マイル離れていたので、いつでも私たち以外の大学生はいなかった。ひどいコーヒーをはてしなくおかわりしたり、メニューから奇抜な料理をオーダーしながら何時間でも過ごした。処女を喪ったり失恋したりするよりももっと人生を変える毎日の決まり切った瞬間瞬間を留めおくために、速記者がついていてくれれば良かったのだけど。フロイトはヨーゼフ・ブロイアーとの文通の中で「創造力は興奮した男同士の対話の中で最も活発に発揮される」と述べている。私たち三人の友情の拠りどころは、いずれアートや詩の中に吸収されてゆくことになった、興奮した対話だった。私が一人でアートに取り組んでいたらそれは気まぐれなものだったけど、エリンやヘレンと共有することでアートはミッションになったのだ。

ヘレンは、あなたのアートがなければ世界が終わってしまうのよ……そう思わせる人だった。けれど、ヘレンが褒め言葉を浴びせかけてくるときには、たんなるお世辞ではなかった。ヘレンは自分の方が超えるまで、その人間から学んでいたのだ。ヘレンは詩に好奇心を示した。それで私は彼女に、電話帳サイズの二〇世紀の詩のアンソロジーを貸してやった。退屈してぱらぱらとめくるだけだろうと考えていたのだけど、ヘレンの部屋でその本がどの頁も耳が折られたり、アンダーラインを引かれたりしているのを見て私は気を悪くした。別の機会には、ヘレンをジムに連れていってルームランナーの使い方を教えた。私が軽くジョギングで二マイル分を走るあいだに、彼女もルームランナーを始め、しゃかりきになって走っていた。私は自分の分を終えたときにエレンに「のんびりやろうよ！身体が痛くなるわよ」と声をかけたが、彼女は汗みずくになってぜいぜい言いながらさらに一〇マイル分も走った。

ヘレンは全然眠らなかった。皆が寝静まったあとで一晩中彼女は何をしていたのだろうか？　彼女は自分のベッドでも眠れず、たびたび友だちの部屋で寝た。ある晩など、真夜中に友だちが目を覚ましたらヘレンが部屋にいて、椅子に座り暗闇でメンソールを吸っているのを知ってぎょっとしたものだ。

ヘレンが嬉しいときには、子どもじみていると同時に母親的でもあった。朝には私のベッドに跳び込んできて子どもじみた声で「朝食にゆこうよ」と言った。ときには私の毛布をくんくん嗅いでから引っぱがし、巻いて洗濯機の中に突っこんだ。まだ朦朧としていたけど、私は屈服して一緒に朝食に出かけた。そのうちに私は、ヘレンはエリンに対してこうしたことをもっとしてることに気づいた。

エリンを起こす。出かけて今日の分の経験をしようよ、そう要求するのだ。

二年度までにエリンはアート学部でスターになっていた。彼女の彫刻とインスタレーションはいつでも想像力と創造力で群を抜いていた。ヘレンはまだアートに慣れていないので、エリンが初めにやったことを何でも模倣した。ヘレンは、エリンがインスタレーションに土を使ったから自分も土を使った。エリンがアーティストブックを作ったから自分も作った。だけどエリンは気にしなかった。お世辞で喜ばせてくれていると思っていたからだ。

結局エリンもヘレンもアート学部で打ち負かせない存在になった。クラスメートの醜い彫刻を人を怯ませる洞察力で木っ端みじんにしながら、アートの「批評会《クリット》」の時間には二人は電撃戦の勢いだった。高名なゲストのアーティストも批評を免れなかった。ゲストである写真家はヌードになった妊婦の妻のきれいな写真を出してきたが、エリンとヘレンは、女性の被写体を生物学的に決定された対象としてモノ扱いしていると叱りつけたものだ。教授陣も二人を崇拝していた。クラスメートたちは二人を恐れていた。クラスメートたちは憤慨もしていた。アジア人の区別はつけにくいから注意しなければいけないのに、誰もが受動攻撃性《パッシヴアグレッション》の一環としてか、エリンをヘレンに、ヘレンはエリンと混同していた。二人はツインズというあだ名をもらった。

以前私は、三名のペルシャ人の女子学生が受講登録していた詩のワークショップで教えたことがある。初日に出席をとる際に、そのうちの一人の名前を大声で呼んだ。その学生は当惑したような反抗的なような声音で答えた。「ええ、私がもう一人のペルシャ人です」。クラスの半分は白人だったが、白人の誰一人としてそんなに自分たちの同類が多いなんて自意識を持っていなかった。もう一人の白人とは思わなかったのだ。だけど、この私には彼女がどう感じたかがわかった。私はいつでも同類が多すぎるという時がわかった。なぜならレストランがクールな場所でなくなるから、学校がもうバランスのとれた場所でなくなるから……。アジア人が多すぎるとその場所は「はびこっている」ことになる。そして「多すぎる」というのはそこにほんの三人というのかもしれない。エリンやヘレンと一緒にいると私は自我が「彼女ら」と曖昧になってしまう気がしたが、エリンとヘレンは気に留めないようだった。彼女らは攻撃的なほど存在感をかもしだす服装をした。大きなどすんどすんと音を立てる靴をはいた。彼女らは威圧したかったのだ。

エリンとヘレンはアート学部では侵入者だった。それまでそこを支配していたのは皮肉っぽいデスメタルのバンドにいる白人男性たちで、キャンパス外のパーティーのポスターをシルクスクリーンで作成したりしてシカゴの音楽業界に入っていった。アートは見せかけだったし、到達度の低いライフスタイルだった。一方エリンとヘレンはてらいなどなく野心的だった。二人は、アートに対してはステークホルダーである必要があったのだ。

エリンはロバート・スミッソンのようなランドアーティストに影響を受けたが、それでも彼女のスタイルは陰鬱なミニマリズムで、紛うかたなく彼女のものだった。完璧な立方体の土のミニチュアをつくり、それらに解剖用の留め針で印をつける。そしてギャラリーのフロアに模様を描くように置いてゆくのだ。かと思えば、樹木園の中に古い椅子を引っ張っていってその椅子に座り、一晩中靴で土に穴を掘っていた。そのときには私はその作品についてエリンをからかった。「それでおしまい？穴だけなの？」　だけどいま振り返るとその美しさを想像できる——湿地沿いに朝の散歩をし、白い霧の中でぽつんと捨てられた椅子やエリンが掘ったあるかなきかのくぼみを取り囲むゴールデンエルムの木々を眺める美しさを。

アートキャンプでエリンと会った夏とオーバリン大学で再会するまでのあいだの一年間に、彼女は今日に至るまで内密にしている家族の悲劇を経験していた。この本でも彼女に何が起きたのかを記していたのだが、私たちがロウワーイーストサイドでディナーをとっているあいだにエリンが口を挟んできたので、最終稿で削除することになったのだ。私はエリンに、ヘレンがまた私の人生に現れたときに描いた夢について話していた。私はヘレンに会えてとても嬉しかったのだが、そうするうちにエリンに対し、あなたのことも書いてあるのよと言わなきゃならないと思い立った。

するとエリンが尋ねてきた。「それはいいけど、私の家族については書いてないでしょうね？」

K「何が起きたかは書いたわ、エリン。ワンセンテンスだけ、それで終わりよ」

E「タブーよ。話し合ったでしょ」

K「触れるのは構わない、だけど細部には立ち入らないようにって話だったでしょ！」

E「楽観的な解釈だわ」

K「それはカレッジでのあなたのアートワークの芯となる部分よ。まるで触れちゃいけないなんてできないわ。だってあなたのアートワークについて書いているんだもの」

E「少し話をさせて。今年の夏に上海にいたときには規則ずくめだったわ。どの場所に行きたいとかどの設備を使いたいとか許可を得ようとすると、責任者が必ずだめだと言うの。彼らは規則の内容も知らないのよ。だけど面倒に巻き込まれたくないのね。だから何につけてもノーという方が簡単でしょ。私には誰もがどうやって成し遂げているのかがさっぱり。そうしたらアーティストの一人が教えてくれたの。中国は許可の文化でなく赦しの文化だと。規則を破っておいて赦しを得にゆくってわけ」
K「あなたの言いたいことは——書いていいわよ、あとになって赦しを乞えばってこと?」
E「いいえ、私の言っていることは、ここは中国ではないということよ。あなたは私に赦しを乞うことはできないわ。私はあなたを赦さないもの。私たちの友情はこれに関しては風前の灯火ね」
K「わかったわ。省くわ」
E「ありがとう、キャシー」
K「だけどただ……」
E「何なの?」
K「私はそれを省くわ。で、これは誓ってそれを本に含めるための正当化じゃないのよ。けれどもアジア人が自分たちのトラウマを内密にしておくってのは問題だと思うわ。私たちが不公平を被っていないとみんなが思ってしまう理由だもの。みんなが私たちは——ロボットに過ぎないって思うわ」
E「私が内密にする必要があるのはアジア人がうんぬんじゃなく、アーティストとしての問題よ」
K「どんな風にアーティストとしての問題なの?」
E「アーティストは誰でも自分の人生については内密にしておくものよ。自分のキャリアを守るためにそうするの」
K「たいそうな一般化ね」
E「キャシー、あなたのアジア人うんぬんというのもそうじゃない? 私が言っているのは本当のことよ、とりわけ有色人種の女性アーティストの場合はね。仮に何かを明らかにしたら、連中はその人間の生き方でアートをめちゃくちゃにするのよ――で、私は自伝的要素に私のアートを乗っ取らせたくはないの。たぶんあのときに遡ると、私の喪失は私の深いところに食い込んでいた。でも私は仕事やアイデンティティとあの喪失とを切り離そうと、ほんとに一生懸命にやってきたのよ。それで、これからはもうノックダウンされたりしないってわかっているわね」

K「あなたを実名で登場させたりしないいわけ」

E「そんなことじゃないのよ」

K「ひょっとして私、もうヘレンとは友だちでない方がいいかもね、エリン」

E「それは考慮の余地があるでしょう。あなたがヘレンの立場なら？　彼女だったらどう考えるかしら？　あなたのエッセイにどんな配慮があるの？　他人の生き方からとってくるのがなぜ必要なの？」

K「エリン、あなたは私のエッセイを読んでいないわ。そこかしこに配慮しているわ。それにライターとしての私には他人の生き方からとってこないいなんて非現実的よ。友だちもいないみなしごってわけじゃないいんだから。私の人生は他人の人生と重なり合うから、他人の人生からとってくるほかない。それだからライターは何かと配慮をしているけれど、でも――ライターが正直な人間なら――ライターはちょっとばかり残酷にもなるでしょうね」

E「言ったとおり、私たちの友情は風前の灯火よ」

K「だから省くって！」

新入生のときだが、私は自分がスタジオクラスの入門クラスに入るには上手すぎると思った。それで、小柄でフクロウに似たアテナ・タシャという名のギリシャ人の教授のデッサンの中級クラスに入れないかと、ハイスクール時代のポートフォリオを持って交渉に出かけた。ハイスクールの「アドヴァンスト・プレイスメント科目」でのスタジオアートのポートフォリオをスライドにしたもので、私の自慢だった。先生は私のスライドを明かりにかざした。私が成績は5を取りましたと言ったときに、彼女はスライドを返してきた。

「テクニックではあなたは進んでいるわね。でも美的にはもっと先まで進まなければね」。アテナは独特のかん高いギリシャ語のアクセントでそう言った。それから彼女は登録番号のステッカーを、私が教務課に持って行けるように剝がしてくれたけれど、私にそれを手渡す代わりに、先生は私のゴーガンにインスピレーションを受けた自画像のスライドにしっかりとそれを貼り付けた。

私以外は全員がむっつりとした三年生か四年生だったが、クリットの時間には、出席していた学生たちはひどい描きようのデッサンをダクトテープでとめた。誰も定着剤など使わなかったから紙は指紋で汚れていた。四年生の一人はいつも自分の飼っているピットブルのデッサンを描いては持ち込んできた。私は内気だったからクリットのあいだはいっさい口をきかなかったが、内心では手厳しい批判をしていた。私の目には、彼らのデッサンは手抜きだったし未熟だった。私には、自分のデッサンがいつでも却下される理由がわからなかった。やってみたのだが、彼らの技術軽視で醜さ指向の審美眼は打破することができず、自分では明らかにフェミニンな作品を生み出し続けた。ある授業でアテナが内臓のデッサンという課題を出したことがあった。私は卵巣を柔らかいタッチで表現してみたが、小さすぎるとわかったので、コピーしたいくつもの卵子を切り取りデッサンの上に貼り付けた。クリットになると誰もが沈黙していた。アテナが私のデッサンを見て言った。「色がきれいね。でもどうして卵子で覆い隠してしまうの？　馬鹿げていない？」ブロンドだった髪が古銭のような色になっている三年生が鼻で笑った。

私は初めてアート制作の主観的な苦難に立ち向かったのだ。後になってお気に入りの映画の一本となったのが『チャレンジ・キッズ――未来に架ける子どもたち』（*Spellbound*）だった。二〇〇二年に制作された全米スペル暗記大会のドキュメンタリーだが、そこに出てくる出場者たちには、ガッツと努力で最終選考に残った移民や労働者階級の子どもたちがかなりいる。そのドキュメンタリーには心に訴えるものがあったし、希望に満ちていた！　南アジア出身の少年が Darjeeling のスペルの質問に困らされたときには、私は目に涙を浮かべて笑ったものだ。アイロニーそのものだった！　仮にメリトクラシーとしてのアメリカを売り込むのなら、まさにこのドキュメンタリーだった。私は才能なるものを信じていたが、同じくらい旧弊な努力もアート制作には肝要だと信じていた――いかに私が努力しようとも成功できないということを知らなかったからだ。誰か他の人間がそれが傑作だとお墨付きを与えなければならないし、そのお墨付きなるものは作品そのものとはほとんど関わりがなく、演出やタイミング、運や私のアーティストとしての振る舞い方に関わっていた。しまいには私は打ち解けず退屈しているように見せることを学んだ。コーデュロイのパンツは汚れていったし、髪を洗うのもやめた。ほんとのテクニックよりも無関心から私は自由に線を引くようになり、新聞印刷用紙一面に線が踊るようになった。すると、とうとうアテナが私のデッサンを受け入れてくれた。

醜さをやみくもに崇めるキャンパスで、ヘレンは美しいというのが一番の褒め言葉だと考えていた。

彼女はイマニュエル・カントやジョン・キーツのゆるぎない信奉者だった。美はその本質を隠すことがなかったし、より高い哲学的な真理に隷属させられることもなかった。美は自ずと顕れたし、思考を停止させ時間をさえ凍結する能力があるので、あらゆる価値基準の中で最高のものだった——それこそヘレンが切望していたものだった。時間が彼女の存在から離れて停止するのだ。

ヘレンは、一九九〇年代に大流行したアーティスト、アン・ハミルトンの極度な強迫観念にインスピレーションを受けていた。ハミルトンは床一面に何千もの銅製のタグを釘付けしたり、屠殺場からもらった馬の毛を八〇〇〇平方フィートのカーペットに流れのように織り込んでギャラリーの床が猛り狂う大洋に見えるようにした。研究者で詩人のスーザン・スチュアートは、その奔放さにおいてわいせつに近いハミルトンのインスタレーションについて、「おとぎばなしのありえない役割をほのめかしている」と述べた。もちろんハミルトンにはたくさんの助力者がいたが、ヘレンは徒手空拳だった。

二年度の彫刻のクラスでのヘレンの最終プロジェクトのために、彼女は銅管をハンダづけし、銅管のあいだに繊細な白いフィラメントを果てしなく張りめぐらした。彼女は昼夜兼行で張りめぐらし、まったく眠らなかった。

ヘレンの彫刻はどれも白く、明るく、ピュアだった。彫刻自体が、美の感受性は自分の制作者の立ち位置次第だと、どこまで対象に接近して見ているか次第だとして戯れていたのだ。クリットの時間では誰もがヘレンのインスタレーションの完成版を大いに気に入った。彫刻は白いガーニーが並んでいるように見えたが、近づいてみると白い糸を扱った細工は複雑で、まるで小さな蜘蛛が糸を吐いてフィラメントをつくっているようだった。ヘレンは完成させるとへとへとになっていた。私たちは彼女に「もう眠らなきゃ」と促した。ヘレンはそうするわと言った。寮の部屋に戻ると睡眠薬をひと壜服《の》んでしまった。

ヘレンが病院から戻ると、彼女を生かし続けようという協定にしばりつけられて、私たちは誰もがより親しくなった。それでもこうした責任感はとりわけエリンに強かった。エリンはヘレンのなんでも打ち明けられる親友、協力者、きょうだいになった。けれども、エリンはまたヘレンについて一番の運命論者だった。その最初の事故のあとヘレンは何度も自殺すると脅していたので、エリンと私は彼女が死に至る病を抱えているように行動した。一度私がエリンに向かってヘレンは病院に戻るべきよと告げると、彼女はしばし沈黙したあとでこう言った。「彼女はいずれにせよ死んでしまうわよ」。

こうした脅迫はヘレナと私のあいだにくさびを打ち込んだ。私は彼女を動揺させることを、間違ったことを言うことを恐れた。私のパーソナリティは萎縮し、ついにはこちらは意気地のない相棒になってしまった——映画『ビッグ・リボウスキ』（*The Big Lebowski*, 1998）の中の涙をためたスティーヴ・ブシェミみたいに。一方ヘレンは移り気がひどくなっていった。彼女は突然カレッジと関係ない怒りにかられた。医師たちは診断名をころころと変えた——双極性障害、境界型人格障害……。病名がなんであれ、私はヘレンを学業に戻そうと必死だった。なんと言ってもいまではヘレンの面倒を見るのはエリンと私に任されていたから。私は利己的で臆病だった。しょっちゅうだったがヘレンがパラノイドになって、私のことを、友だちでいるのを止めたいんでしょと責めると、私は叫びたくなった。「そのとおりよ！　あんた、まじ気が触れている！　私はあんたに私の人生から消えて欲しいのよ！」だけどそう叫ぶ代わりに、私はどれだけあなたを愛していることか、あなたとの友情は私にとっていかに幸運なことか、ともごもごとつぶやくのだった。

それに実際に私はヘレンを愛していたのだ。最初に遅くまで話したときの話題の一つはお互いの母親についてだった。ヘレンが子どもだった頃はほとんどの時期、母親は精神病院に出たり入ったりしていたのだし、ヘレンは国から国へというだけでなく、親戚から親戚へとたらい回しされた。ヘレンはたぶん双極性障害だったが、それだけで彼女の心身の苦悩を完全には捉えられなかった。彼女の激しやすい気性は、私にははっきりとした既視感があった。もし私が肌のジッパーを外して怒りをことごとく吐き出すなんてことができたなら、私がヘレンだったかもしれなかった。エリンが私の中の知性（と少々の羨望）を表に出してくれたのなら、ヘレンは私の中の粗野な部分を表に出した。だけど私はヘレンについての記憶力に自信がない。当時の日常の些細なことを思い出せないから、私は彼女を悪者に仕立てたり、あるいはロマンチックに描いたりする傾向がある。彼女をある種の観念にしてしまう傾向があるのだ。ヘレンには、五歳のときの自分のイメージが思い浮かぶ。そこでは、踊っている四匹の等身大の「アニマトロン」のピンクパンサーに囲まれて彼女はベンチに座っている。ピンクパンサーたちは彼女がベンチに座ったので急な動きを始めたみたいで、ヘレンは平静を失ってしまう。彼女は、怖がっているようにも猛烈に怒っているようにも見える。彼女はそのイメージにとらわれている。私はここで何をしているの？　こんな人生って何なの？　すぐに私を連れ出してよ。

ヘレンが自殺を図ってからは、ルームメートの学生は彼女と距離を置いたが、それは愚策だった。そうすればヘレンはその学生が自分から離れてゆくと感じるし、不倶戴天の敵と見なすからだ。ある晩、エリンと私とが彼女を待って下の階にいたときに言い争う声が聞こえた。ヘレンのルームメートが部屋を出るときに「くたばれ、ヘレン」と低い声でつぶやいた。そのあと上の階からヘレンが建物を揺るがすような大声で「お前こそくたばれ」と叫ぶのが聞こえた。ヘレンは部屋から駆けだしてきて、残り三段のところにいたルームメートを押しやった。私の心臓は喉から飛び出しそうだった。私はそうした怒り方を知っていた。よりによってオハイオまで来てそれを見出すなんてことが、どうしてありえたんだろう？

ヘレンが薬をやまほど服《の》んだあとの夏のことだが、私はソウルで彼女に会った。地下鉄の駅の外だった。ヘレンはまわりの韓国人女性よりも優に五インチは高かったし、オーバリン大学の頃と同じような外見をしていた……ということは彼女が目立ちすぎだったということだ。髪の毛は男の子のように短くしていて黒めがねをかけ、ブラジャーのストラップの出るタンクトップを着ていた。その頃は女性の人前での喫煙が不文律で禁じられていたのに、ヘレンは煙草を喫っていた。私はハグをしてからブラのストラップをタンクトップの下に押し込もうとした。私はヘレンの外見を恥ずかしく思っていることで自分が恥ずかしかった。親戚連中に口やかましく言われたので、私は女らしい外見を心がけた。「自分を見てよ、ミス・コリア」とヘレンは口笛を吹いて言った。

私たちは、カラオケバーや露店の錠前屋、焼きイカを売る屋台の並ぶ路地に入り、地下のカフェに逃げた。私たちはお茶とケーキとを注文したが、口にしたのは私だけだった。ケーキはスポンジみたいで味がしなかった。ヘレンは何も食べなかった。彼女は黒めがねを外し、私は彼女の目の下に見知ったくまを見た。ヘレンは二学年を終えたあとの夏に恢復をはかってソウルの両親の家に戻っていた。私も里帰りでたまたまソウルにいたのだ。

ヘレンの話では、彼女の両親はソウルで彼女のために精神分析医を探した。父親と同じ年頃だった。

両親が彼を選んだのは西洋式の分析医だからだ、と彼女は言った。ヘレンは週に三回彼を訪ねた。漫画のフロイト派の分析医のように、彼は何も言わなかった。ヘレンが話しているあいだ、彼は反応しなかったし質問もしなかった。ただクリップボードにペンを走らせていた。何週間もそんな様子だったので、ヘレンは何か言ってくれと要求した。とても驚いたことに願いは受け入れられた。彼は、まるでそれまでの分析時間から得た自分の考えをぶちまけるように、まるまる四〇分間も講義をした。分析医の見解では、ヘレンは頑固なナルシシストだった。これは主として両親の責任であり、ひとり娘であって一家がいろんな国に居住したために、ヘレンにどこまでという境界線をしつけなかったためであった。その結果ヘレンはスポイルされ利己的になった。彼女の自殺未遂は注目を集めるための悲しい行為であり、それは母親に大いなる苦痛を与えてきた。

「マイゴッド。ここじゃ誰も彼もが自殺願望があるのも肯けるわね」と私は言った。

ヘレンは肩をすくめた。彼女は弱々しく見えた。傷ついた雌ライオンを思い出させた。彼女が弱々しいときに——そんなときには彼女は従順で私が強く出るチャンスがあった——私のヘレンへの愛情が一番高まった。やがて二人して歩いて彼女の両親のマンションを訪ねた。清潔でモダンで壁には書物というマンションで、寝室が二つあった。ヘレンのお母さんが家にいて、ラジオから流れる説教に耳を傾けていた。お母さんに会うまでは彼女に何を期待すればよいのかがわからなかったが、驚いたことに彼女は若く見えた。長いほっそりとした首をし、パーマをかけた髪が色白で優雅な顔をふちどっていた。いちばん強烈な特徴は濃い黒い眉だった。眉毛が、消えない眉間のしわにつながっていた。お母さんはヘレンが自分の部屋に入ったときに私を脇に呼んで、ありがとうと言った。

「どうしてです?」

「ヘレンの友だちでいてくれて」

「私はヘレンとの友情に感謝しています」と私が弱々しい声で応える。

「とても大変なことはわかっています。私のせいなんです。自転車に乗れるようになる前に、あの子は私の面倒を見ていたのよ」

ヘレンが私に見せたい本を持って戻ってきた。どんな本だったかは思い出せない。ちょうど頃合いだと思ったときに、私は行かなければならないんですと釈明した。どこも行くところなどなかったのだけど。


三年生のときエリンと私は、側面がアルミでたわんでいる一枚屋根の家を借りるのに月に一五〇ドルを払った。もじゃもじゃのカーペットを敷いた床は陥没していた。キッチンのリノリウムの床は陥没していた。ベッド兼用のマットレスを載せるフレームも陥没していた……だから私はマットレスのなかにタコスのようにくるまれて目覚めた。私たちはポールと同居していた。彼は静かに話す才能豊かなアフリカ系アメリカ人でアートを専攻していた。酒も煙草もやらず、唯一の悪徳といえば絶えず何かを作っていなければ気が済まないことだった。座ってその日に彼にあったことを話しているときでも、彼は流木を絡ませてマガジンラックを作ったり、それをやりながらジュートから網を編んだりしなければ気が済まなかった。リビングルームはポールのスタジオになった。材木、ボール紙、波形鋼板があり、どこもかしこもおがくずが疥癬のように散らばっていた。エリンの部屋は二階の私の部屋と交差するかたちだった。エリンは階下の羽目板を張った居心地の良い部屋を裸にして、一九九〇年頃の東ベルリンの不法占拠された部屋に似せることができた。裸電球、黒いシーツをかけたマットレス、そしてラジエーター横に積み上げた本がある、まるで修道院のような部屋だった。私たちは大型の蟻に悩まされていたのでエリンはガヤトリ・チャクラヴォルティ・スピヴァクの『ティーチングマシンの裏返し』(*Outside in the Teaching Machine*, 1993)で部屋の節穴から這い出す蟻をたたきつぶしていた。バン！　バン！　バン！　私は一日中定期的にその音を聞いていた。

その前のセメスター、私はオーバリン大学の海外留学プログラムでロンドンに行った。そのセメスターこそ私の望んでいた大学生活の経験だった。面白かったし人間関係のトラブルがなかったのだから。スケジュールは緩やかなものだった。ロイヤルシェイクスピアカンパニーで劇を観てクラスで語り合った。さもなければロンドンをぶらついて陳腐なイギリス風の楽しみ方をしても良かった――パブでビターを飲んだし、そこで頁が脂染みたチェーホフの短編小説集を買ったテムズ川沿いの本の露店の並びを冷やかすこともできた。ヒエンソウやチューリップや菊であふれているコロンビアロードの生花市場をそぞろ歩いてもよかったのだ。どんなものも文化の香りがした。私が昼食にしたレンズ豆のカレーの缶詰さえそうだった。

私にはカレッジに入って初めてのボーイフレンドができた。ペダンチックでユーモアのかけらもないジャズピアニストで、ニューヨーク州ユーティカの出身だった。そんな男でもそのプログラムにはゲイでない男は二人しかいなかったので、彼を手に入れてとても自慢だった。私は地下鉄メリルボーン駅の近くの地下のフラットに住んでいた。マダム・タッソーから一ブロックしかなく、フラットの同居人は三人いてみんな白人だった。放縦で面白く、性的に解放されている三人だった。とても大胆で、どんな気まぐれな考えにも耽溺するのだ。私のルームメートのソニヤは一番の快楽主義者だったが、それでいて一番躾がよかった。ソニヤはロンドンではセックス絶ちをしていた――セックスは食べ過ぎたこってりしたチョコレートというところだった。それでも彼女は地下鉄で知り合った人間を連れて帰ってセックス以外の何でもしちゃうのを止めなかった。酒を飲むといつもだったが、ルームメートたちはシャツを脱ぎ、まるでショウでも演じているようにお互いいちゃつき出した。私はとりすました人間だった。「キャシーはシャツを着ている。それじゃいつもとおんなじ。さあ、おっぱいを見せて」と言われた。

オーバリン大学に戻ると私は、論文や詩を書くために図書館の最上階の閲覧室にひきこもった。ときおりキャンパスの外のむさ苦しい家々に立ち寄ってぐでんぐでんに酔っ払った。一軒なんぞでは、友人たちがトイレットペーパーを買うのも面倒がってトイレの脇にセーターと鋏を並べていた。

私は落ち込んで戻ったものだ。

ヘレンはその三学年のときに最悪の状態だった。彼女はヘロインを使い始めたし、すっぱいスキットルズしか口に入れなかった。わけても新しいボーイフレンドをつくったエリンには焼きもちを焼いていた。エリンには共依存的関係に飛び込む習慣があった。それだからエリンとヘレンがあれだけ親密になったのだが、エリンにはまだ人生に男が必要だった。新しいボーイフレンドのジェイクはとりわけ肌が白かったし良い香りがしたが、レコードを蒐集する以外何にもできない男だった。ヘレンはことあるごとにジェイクに、あんたはエリンにはふさわしくないと思い出させた。ま、そのとおりだったけど。

劇作家のヨンジン・イは、風刺劇『天国に翔る龍のうた』[*1]［一五世紀李氏朝鮮時代の歌集の『龍飛御天歌』からタイトルをとったもの］の中で語らせている。「白人の男がアジア人の女とデートすることが多いのは、アジア人の女が手に入りやすいうえに自尊心が低いから、白人女よりも眉目《みめ》麗しい女を手に入れやすいからよ。それにね、アジア人の女は、白人の女なら鼻も引っかけないような白人の男とデートするしね」。

　エリンは魅力も才能もあり頭も良かったが、デートの相手はどうしようもなく頼りなかったので、エリンがターキーサンドイッチをつくってやらなければならなかった。表面上はエリンが主導権を握っているように見えたが、頼りないふりをする男たち――オーバリン大学の専売だったけど――は、群れを支配する雄《アルファメール》と同じくらい人を操れるのだ。なぜなら自分の無能力をつまらない仕事から解放されるために使えるからであり、そうした仕事は女性に負わされる。日がな一日、ジェイクはエリンのベッドのカバーの下にもぐっていて、エリンは彼が結核患者であるかのように滋養のあるものを与えていた。何時間も彼の言うことに耳を傾けていたが、ジェイクは気分が悪いという気分について語っていたのだ。「気分について書いてみたら」とエリンは宥めるように助言した。ある日ヘレンがエリンの部屋にノックもせずに駆け込んできてジェイクの頭にクッキーの箱を投げつけた。

「あたしのクッキーを食べたりしないでよ！」

「ヘレン、食べてないよ……」

「クッキーを半分食べて残りの半分を箱に戻すなんてのは、あんただけなのよ！」

　ジェイクは、キャンパスでは誰もがポーモー・ボーイズと呼んでいた、全員白人のクールな若者のグループと接点があった。ヘレンはそのなかの青ざめた顔をした野心的なライターと実際にデートしていた。彼は三五歳になると大がかりな盗用スキャンダルに関係することになるが。その彼がヘレンを捨てて、ラファエル前派の画家の描くような痩せた娘に乗り換えた。そのことでヘレンは、自分が白くないからか、自分が骨と皮でないからか、という恥のスパイラルに陥った。ジェイクのためか、それとも長年にわたって育まれた男性不信のせいか、あるいは単に彼らには当然の報いだったのか、ヘレンはポーモー・ボーイズにとって悩みの種になった。彼らはキャンパスダイナーでポールモールを喫い、トマス・ピンチョンとクリス・マルケルを論じながら座っていた。するとヘレンが、足を捻挫したあと手に入れた木の杖を持って足を引きずりながら大声で叫ぶのだ。「もったいぶったくずもね」。その杖のおかげでヘレンは底意地の悪い堂々とした態度をとっていた。彼らはヘレンが足をひきずりながら向かってくるのを知ると、蜘蛛の子を散らすように逃げてしまった。

ある日ヘレンが私たちの家にやってきた。ヘレンは友だちのヘザーとたっぷりヘロインをやっていたので、私たちは何日も顔を合わせてなかった。彼女はアームチェアにどすんと座った。いらいらしていて、髪が顔にかかっていた。夕方で、エリンと私は薄墨色の暗さのなかで茶色の花模様のカウチに腰かけていた。私たちはプラスチックの取っ手のついた安物のテキーラを飲んでいた。二月だった。嫌な風が外でうなり声をあげていた。ヘレンがアームチェアにしょげかえってかけているのを見て、ロンドンでのことが懐かしく思い出された。フラット仲間と私はハシシュを吸いながらお互いの足をシェイビングクリームを使ってマッサージしていた。ソニヤが私がそれまでバイブレーターを使ったことがないと聞いて、私の目の前でデラックスなラビットバイブレーターを振ってみせ、すぐに部屋に行って試してみてよと言った。「終わったらカーラに渡して。だけど必ず初めに洗うのよ」。みんなほのぼのとしていて無用心だった。ボディポジティヴで、ありのままの身体を愛そうとしていた……。

私はいきなり言った。「シャツなんて脱いじゃおうよ」。

「なんで」とエリンがけげんそうに訊ねる。

「いいじゃない」と私が無理にはしゃいで言う。私はテキーラを一杯やってシャツを脱ぎ捨てた。エリンはしぶしぶシャツのボタンを外し、ヘレンの方は驚いたことに、無言でタートルネックを脱ごうともがいていた。シャツを脱ぎ捨てるとすぐに私は照れくさくなった。鳥肌がたち、カウチのうねりに鳥肌がこすれるのがわかった。二月の夕闇の中私たちは座っていた。ブラジャーの下で萎縮し沈黙していた。ヘレンは緊張しすぎて、タートルネックを顔の前で脱いだときに、眼鏡が曲がったのにも気づいていなかった。

「キャシー、腹筋すごーい」とエリンがしまいに口にした。「ジムで運動してたの?」

ヘレンは興奮していた。彼女はアームチェアの上で姿勢を変え、眼鏡をちゃんとかけ直した。ヘレンが「私、怖いわ」と私たちに向かって言ったときには私の動悸が速まった。彼女はいろいろな声に耳を傾けていた。どうしても止まらぬ悪夢を見ていた。声はヘレンに、お前は不快な存在で生きてゆく価値がないと告げていたのだ。そうしたらヘレンは、まるでシャツを着ていないのに初めて気づいたとでもいうように自分を見た。ヘレンは「私、太っているね」と言った。

「ヘレン、あなたは痩せてるわ」と私たちはお互いの言葉に被せて同時に言った。

「私は太ってるわ」とヘレンは繰り返した。そうしてから私の方をねめつけた。私にはその視線が何を意味しているのかがわかった。ヘレンは続けて言った。

「ひっかけたわね」

「何を言うの」

「あなたは私の太った身体をあざ笑えるように私に服を脱がせた。ひっかけたのね」

「キャシーは酔っているのよ」とエリンが静かに言った。「自分のしていることがわからないのよ」。「私は酔ってなんかいないよ！」と私は酔っ払って言った。「ヘレン、あなたはきれいよ！　どうしてそれに気づかないの！　そのことを自覚して欲しいなあ！　あなたの身体はきれいよ！　セクシーよ！　私の願いはあなたに自分を愛して欲しいだけよ！」

ヘレンは私に襲いかかってきた。私が腕で顔を覆っているあいだに私を殴り始めた。彼女は叫び声で私のことを怪物と呼んだ。エリンがヘレンを私から引き離そうとしたときに、ヘレンは凄い力でエリンを殴ったり蹴ったりした。リビングルームはすでに暗かったし、取っ組み合うヘレンとエリンは影になっていたことが思い出せる。しまいに、守勢にまわっていたエリンがヘレンに猛然と組みついた。ヘレンは、暴力的なエピソードの一つで見せたように尋常でない力を発揮したけど、エリンの方が力は強かった。エリンは長いあいだヘレンを抱きしめて何度も何度もヘレン、ヘレンと呼びかけた。二人はぜいぜいと荒い息をしていた。

二学年では私は詩に真剣に取り組むようになったし、アートへの関心を失った。自分のアーティストとしての才能に疑いを抱いたのは、アテナの授業を取ってからだった。エリンとヘレンが私よりずっと上手いということが与《あずか》っていたわけではない。

私は最近エリンと酒を飲みながら――おそらくは反応を見たかったから――私がアートを止めたのはエリンとヘレンのせいだったと言ってみた。

「いまでもこれを認めるのは難しいことよ。でも私はやきもちを焼いていたのね。あなたたちはとても上手だったし、私はそれほどじゃなかった。私はいつでも自分とあなたたちとを比べていたわ。でもいまじゃ自分がそう感じたことに感謝しているわ。だってそうでなければ、私は詩を発見しなかったはずだからよ」

エリンは疑わしげに私を眺めて言った。「どういたしまして」。

「私思うんだけど、ミョンミ・キムはあなたの詩の方を私のより気に入っていたけど……」。私はかつての詩の教授について話しながら物思いにふけった。

「そんなことはないわ」とエリンが言った。「彼女はどちらの詩も気に入っていた。けれどあなたの詩には感性がとても感じ取れたわ」。

私はなんでエリンがこんな褒め言葉を口にしたのか皆目わからなかった。彼女は何らかの作品に対してかなわないと思ったときでさえ、威勢よくそれを攻撃したからだ。

「何にせよ私はヘレンをもっとバランスのとれた人間に描かなきゃ」と私はノートとペンを取り出しながら言った。「エリン、あなた、ヘレンがカレッジで口にした面白いことを覚えてない？　私は彼女の気の触れたところしか思い出せないの」

「それはヘレンが気が触れていたからよ」

「ええ、そうね。でもあなた方は起きてるときはいつも一緒だったでしょ？　だから二人でたむろしていた記憶なんかあるはずでしょ？　でなきゃ、アートについての突っこんだ会話でも好いのよ。ぜひ聞きたいわね」

「私の記憶力が最悪だとわかっているでしょう。私たちはあのハイデガーを研究する「インディペンデント・スタディーズ」のグループにいたのよ。覚えてるわね？」

「あれはひどかったわ」と私はうめき声をあげた。

「そうは思わないけど。知性を磨くのに私たちがどれだけ真剣だったかは素敵だったわよ」

私はヘレンとエリンと私がハイデガーの『存在と時間』（*Sein und Zeit*, 1927 の英訳 *Being and Time*）と格闘しながらキャンパスダイナーで座っていたのを思い出す。私は不安症で、その頃は閉所恐怖症だった。ヘレンとエリンが「現存在」についてもったいぶって話しているとき、私は「私たちにはこうしたことが何を意味しているのか手がかりもないのだわ」と考えていた。

「ほかに何か覚えていない、エリン？」

「覚えてないわ。あなたも私と同じくらいヘレンと過ごしていたでしょう、キャシー？」

「そんなことない。私はいつでもお邪魔虫だったわよ」

「そうかなあ。ヘレンはいつでもキャシーに怖じ気づいていたから」

「待ってよ」

「私たちは何になりたいかわかっていたけど、ヘレンはその時点で自分が何であるかがわからなかったのね」とエリンが言った。

「つまりね、実際ヘレンはそこらじゅう動き回っていたからね」

「彼女は文化がなかったのよ。だからほかの人間の文化からとっていたのね」とエリンが言う。

「私はヘレンが白人の友だちに突然かっとなることはなかったと思うな」

「そうね、そのとおりね。私たちは家族だったもの」とエリンが悲しげにのたまわった。

　本当のところ、私はアートには神経過敏だった。頭にあるイメージをアート作品に移すことができないといらいらした。詩の場合には、私は、頁に記したイメージは別だが、ほかのものとしてイメージを具現化する必要がなかった。実際私が詩を書き始めたのは、エクフラシス（アート作品の詳細な言語描写）であって、表現できないアートを詩にするためだった。叙情詩は、仮に私が作品をつくるだけでなく世界を創造するための無限の資質を持っていたなら私のアートがそうありえたものの「純粋な可能性」としてあった。

エリンと私は、ミョンミ・キムの詩のワークショップに受講登録した。キムは三〇代も上の方で訪問教授だった。髪は入念にカットし、長い黒のスカートをはいた牧師のように見える女性だった。初日に彼女は、沈黙について一席弁じたが、それは私にとって文学史の頁を半分に引き裂くものだった。彼女の話の内容はこうだった。詩という形態が扱うのはあなたの言うことでなくあなたの秘めているものだ。詩というものは、完璧に構成されたフレーズではなく、あなたがどもったり、ためらったりするものを掬い上げるネットだ。沈黙への関心はそれ自体が審問なのだ。家族をホロコーストで亡くしたドイツ系ユダヤ人の詩人パウル・ツェランの場合には、キムの表現では「彼は発話の不可能性と発話する手段の発見のあいだを航行していた」。

ミョンミ・キムが詩人として初めてこう教えてくれた。私の詩は、白人の詩人のように響く必要はない。のみならず私は白人の聴衆の耳に入りやすいように私の経験を「翻訳する」必要はない。そのあとで出会った先生のあいだにも、この考えをキムほど語気鋭く説いた人はいなかった。読みにくさは政治的行為であった。過去において私は自分のアジア人としての経験について書くよう促されたが、にもかかわらず白人の詩人が書くように書かねばならなかった――だから白人の詩人を模倣するかわりに、私はアジア系詩人の考えを模倣する白人詩人を模倣していた。キムが初めて私の詩を読んだとき、彼女はこう言った。「どうしてあなたは他人の言葉の使い方を模倣してるのかしら？」「わかりません」。「言葉についての最初の記憶は何かしら？　その記憶から詩を一つ書いてみなさいな」。

友人でもある詩人のユージン・オスタシェフスキーはこう述べている。「もし君が英語を強くノックすれば、英語はもう一つの言語への扉となる」。これこそミョンミ・キムが最初に私に教えてくれたことだった。私が自分の舌足らずなところと考えているもの――つまりバイリンガルであったり、幼少時に英語と悪戦苦闘したこと――を逆手にとって英語をノックし、それを私の葛藤する意識に最も近い私の編纂する語彙素《レクスィーム》のコレクションに溶け込ませなさい、と。

私は、一九九〇年代半ばから終わりまでのカレッジ教育の受益者だった。当時マルチカルチュラリズムは気息奄々だった。私にとって、友人でも教授でも一番華々しいのは有色人種だった。私は講義でダイヴァーシティを持たせた図書リストが指定されるのを当然と見なしていた。もちろん私はスタジオアートのクラスでも、ブルース・ナウマンと並んで、エイドリアン・パイパーのような黒人のコンセプチュアルアーティストについて学んだ。もちろん私は詩のクラスでは、ウィリアム・カーロス・ウィリアムズと並んでテレサ・ハッキョン・チャを読んだ。私はギレルモ・ゴメス・ペーニャのパフォーマンスは学ばなかった――理解するには、ビタミン・サプリメントを飲むように「チカーノの経験」のサンプルを摂取しなければならなかったからだ。私がこうしたライターやアーティストを学んだのは、彼らが最も興味深い思想家だったからだ。

エリン、ヘレンと私の三人はお互いのアイデアは受け流していたが、その後それらを、媒体はなんであれ自分たちのしていることに応用した。スタジオで、図書館で、ノートの中で、ステージの上で、通りでと、どこであれ私たちがすることはアートだった。私たちは、学問分野というものが別々でなければならないとは考えなかった。ミョンミ・キムのクラスにインスピレーションを受けて、エリンは古い工学の教科書の表紙を集めて再利用して自分の本を作り、そこに自分のミニマリズムの詩を書き込んだ。エリンとヘレンの仕事に刺激を受けた私は、「部位特異的な《サイトスペシフィック》」インスタレーションとして詩のパフォーマンスをすることに決めた。寮の建物の真下に、雨が降ると水浸しになる古い使っていないバスケットボールのコートがあった。そこは白かびの臭いが格好なものだったし、半フィートばかり溜まった緑の雨水にネットが映っていた。私は何もする必要がなかったからインチキをしている気になった。そのスペースそのものがとてもミステリアスだったし、「不在」に満ちていたのだ。雨の中を歩くときに着るビニールのコートを含んでのパフォーマンスを計画していた。ところが、恐ろしいことにパフォーマンスの前日に巨大な排水ポンプが水をすべて吸い出してしまった。訳のわからなくなっている私にヘレンが言ってくれた。「もう一度いっぱいにしようよ」。その晩遅くに彼女が手伝ってくれて、ホースで地下を水浸しにした。

　私たちは美術史家のロザリンド・クラウスが「展開された場《エクスパンディドフィールド》」と呼んでいたもののなかで制作していた。私たちがアートや詩について語る仕方もその中に含まれていた。けれど作品について話すだけでは退屈だった。私たちはアートや詩を、人種・ジェンダー・階級と関連づけて議論した。私たちのアイデンティティは私たちの美意識について説明するが、私たちの美意識は必ずしもアイデンティティを扱っているわけではない。私たちが幸運だったのは、アーティストのジョニー・コールマンやナネット・ヤヌーズィ・マシアスのような教授陣の講義を受けられたことだった。彼らは私たちにこう教えた。自分を過度に単純化してはいけないし、人種は陰影をつけて解釈すべきだ。人種に関わる作品の制作では、人種が難しい主題であるだけに仕事も当然難しくなるのだ、と。

一九九〇年代は「文化戦争」の時代だった。ブッシュ政権がアンドレシス・セラーノの「ピス・クライスト」(*Piss Christ*, 1987)のような物議をかもすアート作品を理由にＮＥＡ(全米芸術基金)からのヴィジュアルアーツへの支援を取りやめさせた。エイズ危機のあいだの政府の無策と不法行為によるたくさんの友人の死を目の当たりにして、アーティストは過激になっていた。政治姿勢に臆するところがなかったせいできわめて物議をかもしたものとして、一九九三年のホイットニー・ビエンナーレでの展示が挙げられる。アーティストのダニエル・Ｊ・マルチネスがデザインした入場ボタンにすでにこう書かれていた。「白人になりたいなんて想像もできない」(I can't imagine ever wanting to be white)。アーティストのペポン・オソリオは、サウスブロンクスのプエルトリコ人家庭での犯罪現場を再現するインスタレーションを出品した。ココ・フスコとギレルモ・ゴメス・ペーニャは民族衣装に身を包み、金めっきされた籠に入って現れた。ジャニン・アントニは、ドナルド・ジャッドとヨーゼフ・ボイスをフェミニストがどう捉えているかを示すために、六〇〇ポンドのチョコレートとラードとをかじり続けた。

ほとんどの批評家はそのビエンナーレを酷評した。たとえばピーター・プラーゲンスはその展示を「文化的賠償《レパレーションズ》の趣がある」として片づけてしまった。その展示に好意的な批評家の一人のホランド・コッターはこう述べた。「一九八〇年代の終わりに経済が大暴落し、アートの市場も壊滅的になったときに、招待されていないのに入場する《ゲートクラッシング》という軽視できない事態が出来《しゅったい》した。これまで本流からシャットアウトされてきたアーティストたち――アフリカ系アメリカ人、アジア系アメリカ人やラティーノが多いが――が入場して光景は変わったのだ」。

このエッセイを記している時点で、こうした充電された政治的エネルギーがまた芸術に戻ってきている。今回はゲートクラッシングが永続的な効果をもたらすことを私は願っている。私がカレッジを卒業するまでには、白人男性の批評家、出版者、学識者は、失敗と決めつけたマルチカルチュラリズムに弔鐘を鳴らしていたし、「人種を越えた《ポストレース》アメリカ」なるもののテープカットをしていた。あえて言うなら、文化的な激変はエリン、ヘレンと私がカレッジにいた頃には過去のものだった。けれど、私たちはオハイオ州の小さなキャンパスで孤立していたので、遅れてやってきた影響の恩恵を私たちは被ったのだ。ヘレン、エリンと私は自信があるというにとどまらず、自信過剰でさえあった。私たちの時代であったし、それはいつになっても変わらないだろうと私たちは思っていた。

私は自分の書いた詩を、しばらくのあいだヘレンには見せなかった。私は詩というものを自尊心の秘めたる殿堂の中に留めおきたかったから、異常なほど秘密主義だった。私にはわかっていた。自分が自信から自己懐疑にあっという間に移ることを。自分の詩がうちふるえる光の輪から紙の上にシットスプレイでいたずらしたものへと急降下してしまうことを。

「あなたの詩をどうしても読みたい」とヘレンが言う。

「全然よくないのよ」

「素晴らしいわよ」とエリンが口を挟む。「キャシーの言うことを聞いちゃだめよ」。

「私はあなたの詩を理解できるほど頭が良くない、と考えてるのね」とヘレンが脅してくる。

「絶対違うって！」

「じゃ、どうして読ませてくれないのよ？」

私にもどうしてヘレンに詩を見せないのかははっきりしていなかった。たしかに彼女の判断を聞くのは怖かった。もしヘレンが私の詩が気に入らなかったら死んでしまう！　けれどヘレンは私の人生で圧倒的な存在だったから、私は自分の詩に彼女の痕跡を残したくなかった。詩はこの私の領域、私のものだったから。でも拒絶せずに、彼女に私が自信がないことを告げた。ヘレンは私をキッチンのテーブルに着かせた。私たちはそれから数時間も、私の自信のなさについて話し合った。翌日私はとうとうヘレンに私の呼び売り本《チャップブック》をティッシュペーパーに包んだまま渡した。まるで南アメリカの貴重な蝶の標本みたいだった。彼女は喜んで笑った。「すぐに読むわね」。

そのあと一週間私は彼女に会わなかった。

またいなくなったんだ、私の思いはよそよしいものだった。

どうしたらこんな仕打ちができるんだろう？

四年生になってからエリンとヘレンと私はいつも一緒だったし、隠れるところもない小さなカレッジのキャンパスで一週間というのは長かった。でもヘレンは断固そうしたのだ。何日間も姿を消し、ヘザーのところに泊まったり、「無難な」お友だちのパムやジェシカのところに身を寄せたり――そのあいだ、理由はわからないけど、ヘレンは、エリンと私とが彼女を捕まえようとしているという偏執狂的な疑いを感じていたのだ。

私は心配でおかしくなっていた。その一週間考えていたのはそのことばかりだったのだもの。

「ヘレンに会った？」とエリンに訊ねる。

「ふん。スタジオでね」

「私の詩について何か言っていなかった？」

「いいえ」

ビッチ！　ヘレンはあの詩を読んでいて好きじゃないと決めたんだ。いまじゃ私のことが嫌いになった。うーん。もっと悪いことに私へのリスペクトがなくなったんだ。だけどどうしてヘレンはこのことについて正直になれないの。私に伝えない方が余計苦しめるとわかってないの。どうしてヘレンは正直に私に向かって、自分はあなたが嫌いだし、あなたの詩が嫌いだからあなたをリスペクトできないって言えないのよ。そうしてくれたら本当のことがわかるってものよ！　でもヘレンは私がどれほど傷つきやすいか知らないのかな。私が自分の詩についてどれだけ脆いのか三時間も話し合ったんじゃなかったの。私がどれだけ慎重だったか。私がどれほど秘密主義だったか。私たちの母親について、その母親のせいでどれだけ人間不信になっているか、そんな話し合いをしたよね。私たちの内部には行方不明になっている臓器があって、エゴって呼ばれていると話したよね。私たちのエゴは巨大な空っぽのプールで絶対いっぱいにできないんだよね、ヘレン！　どこにいるのさ、ビッチ？　私の詩について話しなさいよ！

私は彼女のスタジオに急いだ。いなかった。ジェシカに、ヘレンは彼女らの友だちのところに泊めてもらっているのかと訊ねた。そのとおりだった。いつも焼きたてのブラウニーの匂いがするアパートに泊まっていた。私の詩について何か言ってなかった？「言ってないと思うけど」とジェシカ。私は図書館をしらみつぶしに探した、フェーブコーヒーショップもきょろきょろと見た、ビリヤードをしているかもしれないディスコも偵察した、木工細工の店も探索した、それからスタジオに戻った。とうとうある日、ウイルダーボウルの芝生の向こうにヘレンを見かけた。青い革のジャケットを着てマールボロメンソールを喫い、笑ってアシュレーという赤毛の娘といちゃついていた。急いでヘレンのところまで歩いて行った。「ハーイ」。

「ハーイ」とヘレンは温かい口調で言った。「あなたを探していたのよ」。

「私たちがどこに住んでいるか知っているよね」と私はいらいらして言った。

ヘレンは、どこかに行って座りましょうと言った。季節外れの暖かさだったのでウイルダーボウルの芝生に座った。オーバリン大学の宇宙船のようなコンクリートの図書館の真ん前だ。ヘレンは眼に涙を浮かべながら私の詩について語った。自分だったら知的にすぎてクラスでは使えないなあと思った語彙をヘレンはどんどん使った——だけど彼女が使うとそうした言葉が信じられるし、深い意味を持っているように聞こえた。それまでヘレンがそこまで感動していることはなかった。私は自分の詩の中に、必須の何かを捉えていたのだ。私はソウルを捉えていたのだ。私の詩の中で私は踊っていた。それがヘレンにアートを制作させる刺激となった。彼女はひと晩がかりで私の詩を読んだし、そのあとでまた読んで一つひとつの言葉を吟味しなければ気が済まなかったのだ。

私は幸せだった。安堵にどっぷりと浸っていた。誰かをこんな風に感動させるとは、ヘレンを感動させるとは、詩作の要諦はこれに尽きると私は思った。私はまたリアルな存在になった。そう私たちはリアルな存在だった。私はヘレンと一緒に芝生に座っていた。

それからヘレンのアート作品がどれも消えてしまった。冬休みのことで卒論展示の二ヶ月前だった。捨てられたから「消えてしまった」のだ。事務のミスだった。大学側はヘレンが早めに卒業したと考えて、彼女のスタジオを空にするよう命じた。展示のために準備していたデッサンもコラージュも絵画も、インスタレーションの参考文献も画材までも——ヘレンのアート制作の痕跡はものの見事に消えていた。まるで彼女がカレッジで制作したことがないようだった。ヘレン自身がいなかったようだった。スタジオはきれいに洗われて白く塗り替えられていた。

ヘレンの反応は髪の毛を剃り上げることだった。

ヘレンがウィスキーをひと壜開けて髪を剃り上げたと聞いたときに、私はいよいよ来たかと思った。彼女は自殺するだろう。だけどむろん私はヘレンを過小評価していたのだ。死のうという意志よりも強いのは、彼女の堪え忍ぶ意志だった。とりわけ自分が試練にあっていると思うときにはだ。そこにこそヘレンのなかの韓国人の特性が目立ったのだ。死にたい、けど同時に生き抜きたいという激しい欲求。互いを打ち消し合うのでなく重なる衝動だ——そのおかげでヘレンはあちこちで厄介な事態を引き起こしたんだし、エリンと私にもこれぞアーティストをやめろという神のご意思だと突っかかった。そう言いながら彼女は誰も彼もが悪いんだと証明しようとした。「あんたも含めてね」。私が無邪気にもスタジオのそばを通って手を貸そうかと申し出たときに、彼女は私に指を突きつけてそう言ったものだ。ある意味でヘレンは正しかった。彼女を過小評価していただけでなく、たぶん私は彼女が失敗するのを望んでいた。たぶん私は彼女のアート作品がすべて消えてしまったのだと聞いたときに、考えたのはまず自分のことだけだったし、彼女がこのことでどんな八つ当たりをしてくるだろうか、友だちでいるのはなんて忌々しい重荷かといったことを思ったのだ。ヘレンはいつも私のことをそう感じてるでしょ？　と言って責めた。むろん私は否定したけど、彼女の言うとおりだった。本当は私はその想いを抱いていたのだ。私はヘレンとの友情に押しつぶされていると感じていたし、たぶん、本当にたぶんだけど彼女が自殺したらまんざら悪くないことだった。私は息を吹き返したように感じるだろうし、自由になれたと感じることだろう。

ヘレンは私が間違っていると証明した。彼女の知っているなかで一番うまいやり方を用いた。彼女はめちゃくちゃ頑張ったのだ。彼女は眠らなかったし、疲労困憊している様子を見せるのは芝居がかっていた。よろよろ歩き、毎晩ビールの六本入りパックを空け、朝早い時間に木工細工の店で不可能を可能にしてキャンバスの枠を作った。ヘレンは一年分の絵画を一ヶ月で制作した。これを彼女は、自分のスタイルを完全に作り直すテストとして使った。その頃彼女はエヴァ・ヘスにとりつかれていた。そうなると彼女はヘスからインスピレーションを受けて、オイル、レシン、しっくいを用いて、枠にはめたキャンバスから柔軟な体の表面へと再構築を図り、アブストラクトな彫刻絵画を作成した。テニスボール大の皮膚のようなこぶを使った画を描いたり、かと思えば、しっくいの小川が厚塗りされていて鉄筋がそこから突き出ている画もあった。さらにもう一枚の画は、真珠色のキャンバス地の房がむきだしの木枠にかかっていた。ヘレンはギャラリーの床を明るいオレンジ色に塗ったが、それが空間とのシナジー効果をもたらし、すべての画に一体感を持たせた。その展示を見たときに私の懸念はきれいさっぱり消え失せた。学生たちも教授陣もその展示にはうならされた。その時点で私は、ヘレンみたいな天才には二度と会えないと思った。

けれどヘレンには、一ヶ月間ですばらしい絵画の展示を準備するだけでは物足りなかった。彼女はスタジオでのインスタレーションも企画し、次の週末にオープニングをすることにした。エリンの話しでは、ヘレンはそのインスタレーションのために実際に自分で詩を書いているとのことだった。私は好奇心をそそられ展示の前に見てみようと決めた。私は階段をのぼって彼女のスタジオに行き、ヘレンと照明をあてるのを手伝っているジェシカに挨拶した。壁一面に、白い紙が重なっているのをきちんと列にして並べていた。近づいて眺めると、どの頁にもヘレンがタイプで打った詩が二、三行分あるのがわかった。スタジオの隅に小さな扇風機が回っていて、紙がぱさぱさと枯れ葉のような音を立てた。それぞれの行を読んでゆくと、私がヘレンに貸した詩のアンソロジーにあった詩の影響がわかった。エミリー・ディキンソン、ヒルダ・ドゥリトル（H.D.）、オシップ・マンデリシュターム、パウル・ツェラン……。多くの行が死を仄めかしていた。私はパニックを起こして、これは手の込んだ遺書じゃないの、と考えた。私は心当たりのある行を読み始めた――私自身の詩だった。彼女に見せた私のチャップブックから直接取った詩がまるまるあった。

私は、ヘレンの身体を押してスタジオのバルコニーから落として殺してやりたいと思った。

私はむかむかした。私の詩を書いてある頁をぜんぶ剝ぎ取りたかった。それから私は麻痺してしまったように感じた。だって、対決したとして、彼女にそんなことができるなんて知っている人間はいなかったのだから。だからそんなことはせずに、私は待っていた。ヘレンはジェシカとふざけあっていたし、スタジオを掃いていた。やっと私はヘレンに問いただした。私の声はかたく不自然だった。どうして私の詩があんたのインスタレーションにあるのよ？　ヘレンは手を休めた。警戒したような目でも罪悪感を覚えている目でもなく。あのねめつけるような目だった。彼女が訊ねてきた。「あなた、どうしてこんなことをするの？」

自分が私の詩を取ったのを理解さえしていないように思えた。ほかの詩人の詩を吸収したように私の詩も吸収したのだ。「あんたは私の詩を誰にも見せないって約束したのよ！」と私は哀れっぽい声で叫んだ。「誰彼構わずに、自分で書いた詩だと言うつもりなの？」

ヘレンは私を遮って私が妨害していると言った。「どうすりゃあんたは私にこんなことができるの？」と怒鳴ってくる。「どうすりゃあんたはこ、の、私、にこんなことができるの？」とやり返したが効き目はなかった。ヘレンは私が利己的だと責めながら私より大きな声を出した。展示が一時間で始まるというときにストレスでまいらせるわけにはゆかなかった。私は彼女がもろいこと、やっとふんばっていることを知っていたんじゃないのか？　ヘレンは煮えくりかえった声で、私が彼女の失敗を願っていたのはいつでもわかっていたのよと言った。ヘレンの怒りがエスカレートしてゆくのをずーっと見ていたジェシカはショックを受けていた。私はヘレンが暴力に訴えるのではないかと不安にかられた。

私は折れて出た。「あとで私たちが冷静になったらこの件について話し合いましょう」。私は彼女のスタジオを出て階段を降り、アート学部のビルから離れ、道路を渡った。私はキャンパスから離れた。その頃私にはボーイフレンドがいた。たぶん彼の家に行ったんだろう。私はオープニングにはゆかなかった。エリンから、ヘレンは私の詩はみんな剝がしたわよと聞かされた。彼女に立ち向かうことは二度となかった。彼女との友情さえ続けたのだ。友だちであるよりほかにどうしたら良いのか、わからなかったのだ。

私はエリンのことだけ書くつもりだった。なぜかと言えば私たち二人は、フェミニストのアーティストの「カマラデリー」の力強いきちんとしたモデルを体現していたからだ。私たちは一緒にニューヨークに引っ越して、バーやパーティーやオープニングに連れだって出かけたし、私は数え切れないほどしょっちゅう彼女のスタジオを訪ねたし、彼女はいつも私の最初の読者の一人だった。私たちは議論のための議論をしたし、長いeメールを遣り取りした。私たちが離れているときには——私がアイオワ大学に、エレンがCalArts（カリフォルニアインスティテュートオブジアーツ）へとさまよったときには、エリンは私にとって筏だった。アイオワ大学の図書館の蛍光灯のまぶしい明かりのなかで、キャンディーみたいな色合いのiMacの端末を背中をまるめて操作しながら――隣には友愛会《フラタニティ》のメンバーらしき男子学生が（アイオワ大学のフットボール・チームの）ホークアイズのセーターの袖にくしゃみをしている――私は自分がチューリヒのフラットにいる亡命ルーマニア人の詩人であるかのように彼女に手紙を送った。「うなる猫の猫トイレ、詩人が何の役に立つのか、それでも私たちは革命は可能だとでも言うように詩を創り出さねばならない！」

一方ヘレンと私は、カレッジを終えたあと離れていった。ヘレンはアメリカを出た。私たちの人生から消えてしまったが、いなくなって率直に言って嬉しかった。少しも寂しいとは思わなかった。実際に私は彼女が帰ってきて私に怒りをぶつける夢を見たが、目覚めてヘレンが近くにいないことにほっとした。けれど、このエッセイを書くのは、まるで彼女を私の人生に呼び戻そうと、私に怒りをぶつけさせようとしているみたいなものだ――というのも、ヘレンは私の詩を盗んで私を裏切ったが、今回彼女の人生からとってくることで、私の方はもっと裏切っているのだから。

ヘレンに会わなければ、カレッジでもっと愉快な四年間を過ごせただろう。けれど、今のようにライターにはなっていなかっただろう。ヘレンこそが、私たちの正当性を認め、私たちを団結させ、私たちに必然性を感得させた。私たちはアメリカ文化を定義づけようとしていた。私はやがてＭｏＭＡでのソロの朗誦会《リサイタル》のためにアメリカ文化について書くことになる。私は不安に苛まれていないときにはむやみに傲慢だった。私たち三人ともそうだった。私たちは白人男性の持っている自信を身につけていたが、そんなものは卒業や別れの時機にあっという間にしぼんでいった。私たちはキャリアのどの段階でも過小評価されていたから、三人とも何度も何度も自分の力量を示さなければならなかった。それでも私は、自分がほかの生き方を選ぼうとしたとは思わない。そうした悪戦苦闘があればこそ、私は、友情で培われた創造的なイマジネーションに忠実でいられたのだ。そのイマジネーションこそ、われわれの満たされざる意識の高潔さを反映させようと、辛苦と深慮とを鏨《たがね》に代えて刻んできたイマジネーションなのだ。ほかの誰も気に留めてくれなかった。ほかの誰も私たちのことを真剣に受け止めなかった。私たちに「まず芸術家であれ」と要求したのは、私たち自身だったのだ。

6 あるアーティストの肖像

秋、本当に寒くなった初めての日、一九八二年一一月五日に三一歳のアーティストで詩人のテレサ・ハッキョン・チャは、メトロポリタン美術館の繊維部門で取りかかっている仕事を離れた。テレサは白いアンゴラのセーター、赤い革のコート、えび茶色のベレー帽を身に着けていた。それに革の手袋をはめソックスを二枚重ねで履いていた。ダウンタウンの地下鉄に乗ってアーティスツスペースに出向いた。そこはハドソン・ストリートにあるＮＰＯの画廊で、テレサはヴァレリー・スミスがキュレーターを務めるきたるべきグループ展示のために、自分の写真を収めた大きなマニラ紙の封筒を手渡すために向かったのだ。チャの写真はいろいろなしぐさの手を写したもので、さまざまな元の画——古代中国の彫版印刷から現代フランスの絵画まで——をトリミングして再現するものだった。ニューヨーク州最高裁で証言する際に、スミスは、チャは疲れて緊張しているように見えたと述べた。チャは一五分ほどそこにいて販促に使うためにサインをしていった。スミスは、チャがアーティスツスペースを出たのは四時前後だったと語った。画廊を出てチャは北東へと徒歩で向かった。

ここからは、私は古い一六ミリ映画を観ているように、チャの姿を心に思い描ける。板で囲われた放棄された鋳鉄製のビルを通り過ぎる際には背中を丸めているし、シボレー・カプリスの古ぼけたタクシーは鋼鉄製の路面プレートの上をガタガタと進んでいる。革コートの赤は、フィルムの色あせてざらざらした明かりのなかでは色落ちしている。私はホワイトストリートにある彼女の出版社、タナムプレスのそばを通る姿を思い描く。そこで彼女は何時間も『ディクテ』(*Dictée*)の編集に費やしたものだった。そこから左折してブロードウェイ沿いに進むが、そこには白い鋳鉄製のビルがあって、昔は帆布用の生地を作っていた。二五年後には、私が夫とともにそのビル内の家賃規制された部屋を、又貸しされて暮らすことになる。そして大きな鞄二つ分の詩を引きずることになる――私がふるいにかける役目を務めるコンテストへの出品作からリサイクルしようと拾い出したもので、一晩中鞄を閉めることはない。私の住むブロックでは、詩がパレードの紙吹雪のようにそこいら中にあった。自動車のフロントガラスやジーンズショップの店の正面に貼りついていたし、自転車のラックでしわくちゃになっていたし、木々にテントができたし、私の住むビルの向かいのアパートの正面で太極拳を練習している年寄りの中国人女性の足元にも散らばっていた。だけどチャのその日にはどこにも詩はなかった――空の搬出口の下にゴミが集まっていただけだった。

チャはニューヨークにもう飽きていた。二年前の一九八〇年に、コンセプチュアルアートの本場にいたくて、夫のロバートとニューヨークに移ってきたのだ。だけどアンダーグラウンドアートの世界はもう終わっていて、あとを襲ったのは、ジュリアン・シュナーベル、フランチェスコ・クレメンテ、デヴィッド・サーレといった新表現主義のスターたちのはではでしい時代だった。長兄のジョンにあてた一九八二年六月二五日付けの手紙の中で、チャは成功することとは「品行だの金銭だの寄生的存在だのといったつまらないもの」をありがたがることであり、そうしたものは「正直言って胸くそ悪いわ」と記している。

その晩チャは、親友のスーザン・ウルフ、サンディ・フリッターマン＝ルイスと落ち合ってニューヨーク市公共図書館でストローブ＝ユイレの映画を観ることになっていた。ニューヨーク市が気に入らないという事実があっても、チャのキャリアは成功を収めていた。一二月に開催されるグループ展示があり、この数年間携わってきた『ディクテ』は出版されたばかりだったのだ。ジョンへの手紙の中でこうも記している。「自分が解放されたという感じ、そして裸にされたという感じのほかには、何を感じているのか、どう感じているのかを口にするのは難しいわ。原稿は、それに取りかかっている時間でないときでも私の身体から離れない。私は原稿とともにどこにでも行く。実際に原稿を抱えて眠る。そうしてもう、し終えたわ。……私は自分のやってきたものの完成された姿を見ていつも驚異の念を抱くわ。どれも、少しずつ積み上げてきたものよ……仕事と休みのあいだに、眠っているあいだに、リチャードとの議論のあいだにも。どれも、仕事や仕事のない状態や貧しい状態へのマニアックな欲求不満の賜だわ」。

けれども、友人たちと落ち合って映画を観る前に、チャはラファイエットストリートのパックビルディングで夫に会わなければならなかった。リチャードはそこで写真家としてビルのリノベーションを記録していた。パックビルディングは重厚な赤煉瓦のビルで歴史的建造物であり、ソーホーでまるまる一ブロックを占めている。九階まであるこのビルはアーチ型の窓があり、トリムは緑がかった青色だ。ビルの正面玄関には、トップハットをかぶってフロックコートを着た——ただし、ボタンをかけていないので太鼓腹が剝き出しの——丸々と太った金色のパックの像が鎮座している。パックはステッキ替わりに右手には万年筆を、そして左手には手鏡を持っていて、彼は手鏡に映る自分の姿を面倒くさげに眺めている。日が暮れてすぐに、チャはビルのマルベリー・ストリートに面した裏口に入っていった。そして警備員のジョゼフ・サンザに会ってしまった。

私がチャの『ディクテ』に初めて出会ったのは一九九六年で、オーバリン大学の二年生のときだった。ミョンミ・キムが訪問教授でやって来て、私は初めて詩のワークショップに参加した。キムの知性を私は崇拝したし、彼女の詩を模倣しようと試みたものだ。キムは『ディクテ』を課題にしたし、私は『ディクテ』の内容よりも装幀に興味をそそられた。『ディクテ』は自伝に分類されるだろうけど、回想、詩、エッセイ、一覧図、そして写真の「ブリコラージュ」だった。

一九八二年にいまは消滅したタナムプレスから出版された『ディクテ』は、母親と殉教者、革命家と反乱について記していた。ギリシャ神話の女神にちなんで九つの章題が付けられているが、『ディクテ』は、チャの母親と一七歳の殉教者――日本の朝鮮支配への抵抗を指導し、日本軍の兵士による拷問で獄死した――ユ・グァンスン(柳寛順)の個人史を通して、朝鮮の歴史の暴力性を文章にしてとどめた。他のところでは、チャはジャンヌ・ダルクについて記している――ただしフランスの修道女リジューの聖テレーズのような女性たちによって再生されたキャラクターとしてだが。

チャは「構造」が好きで伝統的なストーリーテリングは避けているが、私にはその構造を構造主義映画のための脚本として描写できるだけだ。シーンはト書きで表される。インタータイトルとして詩が現れる。フィルムスチルは、燦然と輝く白いスクリーンのつもりの白い頁として随所に見られる。チャは読者が『ディクテ』をどう読むか指図してはいない。彼女が拒むことはいくらもある。フランス語を訳すのを拒む。かつての韓国の指導者イ・スンマン(李承晩)のフランクリン・デラノ・ローズベルトへの手紙を文脈にあてはめるのも拒む。カール・ドライヤー監督の『裁かるるジャンヌ』(*La Passion de Jeanne d'Arc*, 1928) の中のフランス人女優ルネ・ファルコネッティの写真にキャプションを付けるのも拒む。読者は探偵だ――自分自身がどう関わっているのかという謎を解いてゆく。

その頃私は、アジア系アメリカ人のフィクションや詩のいくつかには、言及することさえできなかった。ふさわしい単語を使っていないので、まるで白人俳優によって演じられている芝居のように嘘くさく思えたからだ。そうなるのは、おそらく英語が問題なのだろうと私は考えていた。そう、英語は私にとっては確実に問題だった。英語は短調であるはずの経験を長調に変えてしまう――私が英語で書く際には失われてしまう親密さやメランコリーが朝鮮語にはあったし、英語というのは私にとって子ども時代から税関吏やいばりちらす教師やホールマークカードと結びついてしまうのだ。英語を学んでそんなにも経っていたのに、それでも、英語で何かを書くのは空欄に書き込むことであり、元の文章を復唱することだ、という感覚を振り払うことはできなかった。その点チャは私の言葉を話していた――彼女は、英語は彼女自身の言葉でないし、英語は彼女自身の意識を真に反映するものではないし、英語は表現の形態であるのと同じくらい意識への負荷であると示していたのだ。そしてそれだからこそ『ディクテ』は本物と感じられたのだ。

チャがニューヨーク市で警備員にレイプされ殺されたと私が初めて聞いたのは、ミョンミ・キムの講義だった。キムがどのように語ったのかは思い出せない。漠然とそのことを覚えているだけだ。それ以来、『ディクテ』を何度も読んだり、あるいは教えたり、あるいはトークで持ち出してからこんなにも経っているのに、何が起きたのかを知ろうとはまるで思いつかなかった。それにもかかわらず、チャの死は、私が『ディクテ』を読むのに浸透し、予言的な取り憑かれたようなオーラを『ディクテ』にもたらした――『ディクテ』に出てくるのは、結局のところ暴力的な死を迎えた若い女性たちなのだ――ただし、私は講義でもトークでもそうした解釈をけっして認めなかったけど。

数年前だが、ある批評の中でチャについて書いているとき、私は彼女がレイプされ殺された日付けを突き止めようと決めた。チャの経歴をくわしく読んでみたが、驚いたことにその犯罪について記している書き手は誰もいなかった。少しでも殺人が言及されていたとしても、愉快でない事実として扱われていた――研究者が『ディクテ』における語り口の不確定性《インディターミナシー》に慌ただしく取りかかる前に、そっけないワンセンテンスで記されているだけだった。より心をかき乱されたのは、誰一人チャがレイプもされていたのを認めていないことだ――これがどこをついても省かれているので、私は彼女が性的にも虐待されていたことを確認するのに、法廷記録にまであたらねばならなかった。彼らは知らなかったのか？　彼らは怖じ気づいているのか？　殺人の方は犯罪統計で刺激が弱まっているが、そこにレイプが結びつくといやおうなく彼女の肉体に向かい合うことになる。

性的暴行を受けたアジア人女性の信頼できる統計を見つけるのは難しい。API－GBV（「アジア太平洋の性に基づく暴力研究所」）という基金はアジア人女性の二一パーセントから五五パーセントが身体的・性的暴力を体験しているとしているが、かなり幅がある。他の調査では、あらゆるエスニシティのなかで、一番性的暴行を受けないのがアジア系アメリカ人女性だとしている。もっとも、他の統計ではアジア人女性を完全に排除しているが、それというのも「サンプル数があまりにも少ない」からだ。こうした調査のどれかを信頼しようと私は悪戦苦闘している。私がデートに出かけるとき、母はいつでも私に「いけないことをしないわね？」と訊ねた。母の婉曲的な言い方だった。ずばり言えばセックスのことだったが、そういう言い方しかできなかったのだ。

成長するにつれ、消えたとか狂ったとかいう女性たちの話を小耳にはさむこととなった。何が起きたというのだろう？　私は訊ねたものだ。母はいつでも、なんでもないわと言い、そうなると私は黙ってしまった。どこのアジア文化でも、消える、あるいは気の狂う女性の、それも説明のないかたちでの話しはくさるほどあった。教えられるのは、「いけない」ことが起きたというのがせいぜいだった。精神分析では、神経を這い回る苦痛はいったん言葉にすると離れてゆく。苦痛に名を与えることは、出来事から心の痛みを取り除き、それをいずれは消えるもの、扱いやすいもの、ひょっとすると抑えられるかもしれないものとする。だけど私の育った文化では、苦痛を口にすることは、トラウマを自身が再体験するだけでなく――まるで言葉は癒やしではなく他人に伝染する毒だとでも言うように――自分の愛する誰をも傷つけてしまう。どのくらいの数のアジア人女性が、彼女らの秘密と恥の文化のなかで、性的暴行を報告するほど大胆になれるのか？　いつでも否認が、軟膏がわりなのだ――むろん、出来事は夢やもっとひどい慢性的なかたちで心の中に湧いてくるので、せいぜい局所的な効果しかないが。私はアジア系アメリカ人研究者の友人に、誰もチャの死について書いてこなかったことをどう思うかと訊ねてみた。「家族に再体験をさせるに忍びなかったんじゃないかな」ということだった。彼がそう答えたあとでも、チャの批評家たちは彼女の物語の一部だ、そう私は見なさざるをえなかった。批評家たちには私も含まれていたのだけど。

私は悲劇的な女性詩人の大きな存在としてシルヴィア・プラスのことを考える。プラスのまわりには、伝記の家内工業《コテージインダストリー》が突然現れてきた。気ままに読書する人間からひたむきな研究者まで、誰もが探偵になり、彼女の人生でいまだ明かされていないことを発見しようとゴシップを遣り取りし、手紙や日記の記載を仔細に研究している。プラスの作品を管理する「プラス・エステート」と研究者のあいだの法廷闘争は長引いている。プラスのうわべだけの友人たちは、自分の回想記の中で中傷に近い観点を記してきた。けれど、チャの方の私生活のかなりの部分は秘められたままである。歴史上の暴虐によって沈黙させられた朝鮮人女性の人生をチャがどのようにして甦らせたかについての議論のさかんなことは、当惑を覚えさせるものだった——チャ自身の人生を奪った暴虐にはいまだに沈黙しているままなのだから。エレーン・キムとノーマ・アラルコンの編集した『ライティングセルフ、ライティングネイションズ』（*Writing Self, Writing Nations: A Collection of Essays on "Dictée" by Theresa Hak Kyung Cha*, 1994）のような批評集があったし、またアン・アンリン・チェンやティモシー・ユーのような研究者の論文があったように、『ディクテ』を論じた重要な学問業績があったのは確かだ。だけどたいていは、『ディクテ』は、研究者がたまたまそこに身を投じたアカデミックな研究分野でのだらだらとした検証の対象にされている。チャについて読めば読むほど、わかることは少なくなってしまう。そしてわかることが少なくなればなるほど、チャを、説明もなく消えていった女性の一人と見なさざるをえなくなってゆく。

チャの友人たちと家族は、彼女の声こそが一番の特徴だったと認めていた。ささやき声だった。微妙で落ち着いていて、秘密を打ち明けようとしているように聞こえるので、チャの声に彼らは引き込まれた。チャは自身の声を、彼女の詩やヴィデオアートの中で題材としても手段としても用いた。一九七六年のヴィデオ『ヴィデオエム』（*Videoème*）の中では、彼女のナレーションで画面に出るフランス語のテキストを訳している。「見ることは」とチャはフルートのような高い女性らしい声で語る。

その声はか弱くも愉しげで、静かでありながら不気味な、言ってみれば水を入れたグラスの縁を湿らしてその縁をこすってグラスハープを演奏するようなものだ。
もう一本のヴィデオ『パーミュテーションズ』（*Permutations*）は、私は何とかオンラインで観ることができたが、一九七六年に作られたもので、妹のバーナデッテの白黒の頭部写真のチカチカする連続だ。妹を映したコマはそれぞれ数秒続く。バーナデッテはメーキャップなしだ。長いたっぷりした髪は真ん中で分けられていて、顔にゆるやかにかかっている。いかめしい顔つきは変わらない。彼女の特徴は古典的な朝鮮人のものだ。黒いはっきりした眉、細い目、形の良い鼻、すぼめた口元はふっくらとしていて肉感的だ。
バーナデッテの変わらない表情のコマが六分間続くのを観たあと、私は少し退屈してしまった。ヴィデオには時間は寛大でない。絵画や写真に比べて早く古くさくなってしまう。テクノロジーが古びると、テーマは引き継ぎながらも、媒体としては不明瞭になる。そこらじゅうに「ホワイトノイズ」が入り、粒状のランダムな光学組織《オプティカルテクスチャー》のおかげで画面がざらついているのに気づいた。アーティストのヒト・シュタイエルは「貧しい画像《プアイメージ》」を「動きの中のコピーである。その質的低さや標準以下の解像度。それは画像のゴーストである……貧しい画像は抽象に向かいがちなのは、そもそも視覚的なアイデアだから……貧しい画像はしばしば伝統や民族の文化、あるいは実際に著作権に反抗する」と記している。[*1]
彼女の頭部写真について何も特別なものがなかったという点で、バーナデッテは、「抽象に向かいがち」だ。彼女の表情は読みがたい。装飾品をつけることでモダンになってもいない。彼女は誰でも、どこでも、どの時代でも通用する――ソウルにいる戦争難民でもアメリカでベイエリアのヒッピーでも良いのだ。私はある男性が美術館で『パーミュテーションズ』を観て、妹をアーティストだと取り間違え恋に落ちたという記事を読んだことがある。彼は『ディクテ』を買ったが、読みづらいと思い恋も冷めたそうだ。私自身は『パーミュテーションズ』をポンピドーセンターとロサンゼルスのMOCA（現代美術館）で観た。MOCAではフェミニスト展の一部だった。他のアーティストと並べてチャのヴィデオを観ると、いつもぎょっとする。まるで、明るい人前の場所で長いあいだ会っていない親戚に出会ったように。私は訊ねたい。あなたはここで何をしているの？　あなたはこれまでどこにいたの？

チャは朝鮮戦争たけなわのころ、南朝鮮のプサンで生まれた。一九五一年三月四日だった。五人きょうだいの真ん中だった。彼女の家族も、ほかのあまたの難民と同じで北朝鮮の侵攻から逃れるべくソウルからプサンへと脱出したのだ。長兄のジョンが語っているが、チャの家族は「いつでも逃れていた」。両親は日本による占領を逃れて満州にゆき、それからソヴィエトの侵攻を逃れてソウルに移り、そして北朝鮮軍を逃れてプサンへと避難した。そして、韓国の独裁政治を逃れてアメリカに渡ってきた。両親は、アメリカで最終的な安寧を享受できることを祈っていた。

しばらくのあいだ、一家はプサンの西の漁村、松島《ソンド》で平和を得た。そこで朝鮮戦争のあいだ海岸沿いの小さな小屋で暮らしていた。ソウルと違って、遠くに爆弾が落ちたりしなかったし、叫び声も聞こえなかったし、兵士たちから土嚢を運べと命令されることもなかった。ジョンはその頃を好ましく覚えている――波の砕ける音、曲がった松の木、両親は木の縁側で黄色い甘い瓜を剥きながら穏やかに話しあっていた。チャについてのジョンの最初の記憶はソンドでのものだった。三歳のチャは引っ込み思案でいつも眉をひそめていて、遊ぶよりもじっと眺めているのが好きな子だった。いつもしていたのは、塀に座って裸の少年たちが灰色の波に飛び込んだり、砂の上で大騒ぎに興じるのを眺めることだった。ウサギについての子守歌の曲に合わせて歌いながら、チャは歌詞を自分たちに合うように変えていた。「ねえ、裸の男の子たち、どこゆくの、ぴょん、ぴょん、ぴょん……ほら逃げてゆく」。

　ジョンは、チャと母親はとても親密だったと言う。母親もライターになりたかったし、チャやきょうだいたちに聞かせた話が『ディクテ』にも載っている。母親は子どもたちに本を愛すること、カバーにブッチャーペーパーで裏をつけて本を大切に扱うことを教えた。『ディクテ』はもともと母親についての本である。「カリオペ／叙事詩」という章ではチャは母親の歴史を取りあげていて、満州で郷愁にかられている一八歳の教師として母親を描いている。他の箇所では、チャは母親の語るシャーマンの物語を載せている——息子でなかったというので父王に勘当されたお姫様の話しなどだ。お姫様は、冥界に降りて父王の病をなおす薬を持ち帰ることで父王の愛情を取り戻した。だけど、チャの本では、病気になったのも母親だし、薬を取ってくるのも母親のためだった。

　一九六三年、チャが一二歳のとき、一家はソウルを離れてサンフランシスコに移住した。そこでチャは、アートと詩という天職を見いだしたのだ。英語を学び始めてたった二年で一四歳のときに校内の詩のコンテストで優勝した。もうきょうだいの真ん中のひっこみ思案の子ではなく、チャは自由に話すようになったのだ。チャは思いやりがあり気前が良く、たやすく人とつながりを持った。チャはベイエリアにあるカトリックの女子校のコンヴェントオブザセイクリッドハート校に進んだ。教育はフランス語が使われていた。その学校を彼女はのちに『ディクテ』の題材として使うし、大学院で提出するシリーズものの写真にも使った。

チャの父親との関係は母親との関係よりも緊張したものだった。父親は自分も画家になりたかった時期があったし、困難がつきまとうという理由からチャのアートをやってゆきたいという希望に反対していたのだ。院生の頃、チャはしばしば父親と揉めていたが、父親の方はチャがなぜそんなに長いあいだ学校にいなければならないのかわからなかった。チャの詩"i have time"の中に、ジョンがたぶん父親の言葉だねと請けあう引用箇所がある。「お前が長いあいだここで過ごしたことも学んできた文学の授業も、こんなことを教えたのかい。わしの辞書では訳語が出てこないものだから理解できないんだがね」。

バークレーでチャは、比較文学とアートで二つの学士号と二つの修士号をとったが、そこでチャは、ダイナミックで多弁な研究者のバートランド・オウグストと一緒に学んだ。彼がチャをフランス語と映画理論に導いた。同時に、チャはアーティストのジム・メルチャートに指導されていたが、パフォーマンスとマルチメディアアートにのめり込んでいった。その当時はどれも新しい分野だったが、チャは全身全霊でそれらを受け入れた。チャはマルグリット・デュラスやステファヌ・マラルメのことを、クリス・マルケル、ジャン=リュック・ゴダール、カール・ドライヤーと同じように好きだった。ドライヤーの『裁かるるジャンヌ』はチャに大きな影響を与えていた。チャはまたサミュエル・ベケットとその「白い声《ヴォアブランシュ》」の使い方に触発されていた。「白い声」は、後年チャの作成するヴィデオの単調なナレーションや『ディクテ』に啓示を与えることになった。彼女は倦むことなく働いた――その頃はなじみの薄い未開拓の領域だったヴィデオやパフォーマンスアート、前衛詩や戯曲、映画や文芸理論……。バートランド・オウグストは「テレサはいろいろなアイデアを吸収したうえで、まったく異なっている、オリジナルで新しいものを創造した」と述べている。

チャが死んだ後、『ディクテ』はすぐに絶版になった。それから一〇年の沈黙を経て、批評家の関心が漏れ聞こえてくるようになった。初めは前衛映画の批評家たちからであり、そのあとに当初は堅苦しく近づきがたいとして『ディクテ』を無視していたアジア系アメリカ人研究者が続いた。現在は、カリフォルニア大学出版局で版を重ねる『ディクテ』は、アジア系アメリカ人文学において影響力のある本となっているし、大学で広く教材に取り上げられている。一方で、チャのヴィデオアート、彫刻、写真はどれもバークレー美術館やパシフィックフィルムアーカイヴに保管されているが、世界中の大きなミュージアムで展示されてきた。

私は『ディクテ』を教材に使うとき、学生たちにはこんな風に言う。「この本にアプローチするのには、新しい言語を学ぶようにするのよ。新しい言語なら、あなた方はその言語で直接に表現するどころか、口にパテを入れて口が母音の発音の形になるという段階でしょ」。こう学生たちに言うのは、チャの書きようが、ブロークンな英語で口述《ディクテート》するカトリックのハイスクールの女生徒のままだからだ。

第一金曜日。ミサの一時間前。第一金曜日はいつもミサ。ディクテが初め。ミサの前。ディクテが先。毎週金曜日。ミサの前。ディクテが先。自習室。もう時間。すばやく動く。机から一歩。一列縦隊。

チャのピリオドの使い方は攻撃的だから、そのために彼女の声は平坦になり、ロボットがドリルでうがつように硬い感じに聞こえる。点刻に見えるようにビュレット（・）を並べるのは、私たちが物語の世界に浸るのを妨げる。チャを運転手に例えるなら、彼女はブレーキを踏むことを繰り返す。文章は、がくんと動いては止まる、を繰り返す。私は彼女の文体は、必ずしも愉しいものではないけれど解放してくれる文体だと思う。なぜならチャは――実際にフランス語、英語、朝鮮語を流暢にあやつるが――移民の感じる英語についての不快感を表現の一形態に変えてくれたからだ。

日本による支配のあいだ、朝鮮人は自分たちの言語を用いるのを禁じられ、はては「姓」まで日本風に改めるよう強要された。独立してすぐに半島は分断され、アメリカ軍とソヴィエト軍に占領された。自分の国の植民地化された歴史のせいで、チャは言語を、苦痛として、また苦痛を与える手段として扱った――アイデンティティを表現するのでなくむしろ隠すための言語なのだ。アート制作でも、チャは英語であれ、フランス語であれ、朝鮮語であれ、言葉を、ゴム印のように硬直していて、石版画のように難解な「テクスチュア」と見なしたし、彼女の一部ではなく彼女から離れたものと見なした。

テキストを著者から切り離すという「ポスト構造主義」の信条のなかで教育された批評家たちは、『ディクテ』は自伝の拒絶であり、彼女自身を解体できるようにと海岸にうちあげられた手紙の草稿である……そう抜かりなく強調してきた。チャの家族はまるで違った読み方をしている。チャは亡くなる数日前に『ディクテ』の新刊を両親に送ったが、それは彼女の葬儀の日に届いた。ジョンが包みを開き、頁をめくって最初の写真を見た。騙されて日本の炭鉱に入れられている朝鮮人炭鉱夫たちによる落書きの下手な複写だった。子どもらしい筆跡で落書きされているそれは「母さん、会いたいよ。ひもじいよ。帰りたいよ」と訳すことができよう。チャの声が頭の中に聞こえたので、ジョンは心がかき乱され、母親の目に触れぬよう『ディクテ』を隠してしまった。二ヶ月後にチャの母親は『ディクテ』を読んだ。チャが直接語りかけてくるように感じたので、彼女は何度も本を置かねばならなかった。

私はバークレー美術館のキュレーターのコンスタンス・M・ルウォレンに、あなたはチャのレイプと殺人について語れないのですか、と問うeメールを送った。すると彼女は、次のような短いレスポンスで問題を先送りしたものだ。「私たちはいつでもチャの素晴らしい作品に焦点をあてよう、彼女の物語をセンセーショナルなものにはすまいと心がけてきました」。また別の研究者は私の質問に答えて、自分もチャの死について言及するのを控えていると言ってきたが、それは「彼女の家族への敬意からであり、作品に影を落とさせぬためであり、私は伝統的な伝記読み物とは違ったやり方で彼女の作品に私的《パーソナル》なことを含めようとしています」とのことだった。

それらは筋の通った方針である。早い段階では、チャの革新的なやり方を擁護するために――一方で一般読者がチャのおぞましい死に心を奪われぬように何が起きたかから話しを逸《そ》らせながら――『ディクテ』の重要性を強調する必要があった。まるでチャの番人たる者は彼女の作品のレガシーを卑劣なレイプや殺人の力から守らなければならない、とでも言うかのようだった。けれど私は、そうした保護が、効果がありすぎだったのではと思う。チャの殺人のすぐあとにも、『ヴィレッジ・ボイス』紙に短い死亡記事が載っただけでニュース記事は報道されなかった。思うに、報道がなかったのは、チャが、警察の発表では「オリエンタルのジェーン・ドウ」だったからではないのか。しかし、その後も、公開されていて閲覧可能な法廷記録があるのに、彼女のレイプと殺人についての話しは出てこなかった――チャはミステリーとしめやかな風聞の経帷子を着せられていたのだ。

これは述べておきたい。チャは沈黙から美学を発展させた――意図して音節を省略することで、英語というのは彼女の民族が被ってきた歴史的蛮行を捉えるにはあまりにも貧弱で中庸な媒体だということをはっきりさせながら。こう言った方がより真実に近かったろう。歴史的蛮行もサッフォーの断片だらけの詩のように部分的に語って、読者には語ることのできない部分を想像するよう求めたのだ、と。ある意味では、研究者は、チャ自身の沈黙というレトリックを反映しているのだ。これ以上なく抑制したかたちでチャの死を発表することで（「一九八二年一一月五日、チャは殺害された」）、研究者はチャの殺人を伝記的な概要として伝えるにはおぞましすぎるとして、何が起こったかを想像するのは読者に任せているのだ。けれど、彼女を無視する沈黙はどこまでで、彼女を敬愛する沈黙はどこからなのか？　沈黙についての問題は、沈黙は声をあげてなぜ黙《もだ》しているのかを言わないことだ。そのため沈黙は――なにぶん沈黙は無関心とか忌避とかはては恥とまで誤解されうるのだから――集合し、増幅され、われわれの意図の及ばぬところで形となり、竟《つい》にはこの沈黙は忘却の彼方へと向かってしまう。

二九歳のジョセフ・サンザはイタリア系で、すでに九件の性的暴行の廉《かど》でフロリダで指名手配されていた。サンザはニューヨーク市に逃げて、警備員として働きながら妹と一緒に暮らしていた。パックビルディングの経営陣は、「英語がわかる」というそれだけの理由でサンザを雇ったのだ。

チャはサンザのたくさんいたレイプの犠牲者の一人だったが、殺人の犠牲者とわかっているのは彼女一人だった。世間でよく言われることに反して、加害者サンザとチャは顔見知りだった。チャの夫はパックビルディングで働いていたし、サンザはそこの警備員だったから、サンザはチャ夫妻がどこに住んでいるかまで知っていた。一緒にポーズを取っている親しげな写真まであった。どれもサンザと面識のなかった他のレイプの犠牲者と違って、だからチャはサンザが誰かを特定できた。明らかに、そのことがあったのでサンザはチャを殺害し、犯行現場から死体を移すことにしたのだ。

チャの死体はパックビルディングから数ブロック離れたエリザベスストリートの駐車場で発見されたが、そこはチャの自宅のすぐそばだった。ジョセフ・サンザは、他の警備員から借りたヴァンを使ってチャの死体をそこに投げ捨てた。地下二階でチャをレイプしたあと、サンザは警棒で彼女を殴り、それから窒息死させたのだ。彼女の首の折れた舌骨のまわりにベルトがぎゅっと絞められていたし、頭部の裂傷は深くて頭蓋骨が見えていた。彼女のパンツと下着は下げられて膝のまわりにあった。ベレー帽と手袋とブーツの片方が無くなっていた。七時過ぎに警察が駐車場でチャを見つけたとき、死体はまだ温かかった。

特定性《スペシフィシティ》は、良い書き物の品質証明《ホールマーク》である。ただし、ディテール過剰がセンセーショナルでいわれのないものに堕してしまい、長年にわたって批評家やキュレーターが献身的に力を尽くしてきたというのに、チャが「オリエンタルのジェーン・ドウ」に逆戻りしてしまう場合には別だ。これを書きながらも疑念が私の心に入り込んでくる。私は何を付け加えているのだろうか？　何を省いているのだろうか？　チャの死体を巻いていたラグ、ヴァンのなかの麦わらと同じものである彼女の髪の中の麦わらを含めようとしているのか？　エレベーターシャフトの床の摺り切れたところの紋様と合う死体の擦り傷までもか？　もっとも、この場合、ディテールはまた証拠でもある。「不確定性」の入る余地はない。

血液や毛といったあらゆる法医学的な証拠は決定的なものではなかった。だから検事は状況証拠に頼らざるをえなかった。たとえば、チャの結婚指輪がなくなっていた。サンザの友人の一人の証言では、犯行翌日の土曜日にサンザが女物の指輪を小指にはめていたのに気づいたし、「ちょっとゲイっぽく見えた」。その日にサンザは妹から一〇〇〇ドルを盗み、グレイハウンドに乗ってフロリダに行った。フロリダでは、三ヶ月のあいだにほかに二人レイプしたが、そのうちの一人の結婚指輪も盗もうとしていた。チャの事件の刑事たちが彼女の件をフロリダの事件と結びつけるのに役立ったのは、犠牲者の結婚指輪を盗むというサンザの特徴的な行動だった。ニューヨークの刑事たちがサンザを捕らえようとするまでには、サンザはフロリダでの性的暴行のためにすでに逮捕され拘留されていた。

チャが死んだときにも進行中だった五八〇〇万ドルかけての改修までは、パックビルディングには元々印刷メディアが入っていた。改修で内装は最新のものとされ、商業的使用のコンドミニアムになった。改修のあいだ、数週間かけて警察は犯行現場を求めて捜し回った。その場にはマンドレークという名の警察犬までいた。ただ、警察がショックを受け当惑させられたことに、ビルの使われていない地下二階で犯罪現場を見つけたのは、捜索活動を続けようと決心したチャの二人の兄弟ジョンとジェームズ、そして夫のリチャードだった。

現在七〇代のジョン・H・チャは、『真実の儀式――テリング／リテリング』（*The Rite of Truth: telling/retelling*）というタイトルのチャの殺人についての彼自身の回想録を書き下ろしている。まず朝鮮語で出版されたので、いまはそれを英語に翻訳しているところだ。私も読んだが、その本のかなりの部分は殺人裁判を記録したものだ。彼も、きょうだいたちも、母親も、友人たちも、裁判には出席していた。ジョンは現在サンフランシスコ・ベイエリアに住んでいて、ライターや翻訳家をしている。チャは『ディクテ』の中でジョンについて言及している。「メルポメネ／悲劇」という章の中で、チャは、日本が朝鮮への支配権を失ったあとアメリカによって指名された権威主義的指導者のイ・スンマン（李承晩）に抵抗して蜂起した韓国人たちによる一九六〇年四月の大衆デモについて、ドラマチックな文章を寄せている。中学校の生徒までも含む誰もが道路に繰り出したが、兵士が公然とデモ隊に発砲する事態になった。チャは、当時高校生だったジョンがどうしてもデモに加わりたかったのに母親が家から出さなかったことを、『ディクテ』ではこう記している。「母さんは兄さんのことを失いたくない、もうたくさんの人間が殺されているようにして兄さんを殺されたくない。わかったわと言うけれど、それでも母さんは連中が誰も彼も殺しているのを言い訳に使う」。

私はグーグル・チャットで二回ジョンにインタビューしたし、eメールのやりとりもした。Tシャツ姿で遠近両用眼鏡をかけている現在のジョンに、頑固な高校生の姿を見るのは難しい。親切そうな丸顔で、カリフォルニアでほとんどを過ごしてきた人間らしく、リラックスしたあくせくしない態度を見せている。ジョンに話すまでは、私はチャの身内にコンタクトをとるのはためらわれた。研究者のかなりが、自分は遺族の心を悩ませたくないからチャの殺人について言及しないのだ、とそんな印象を与えていたからだ。だから私はジョンが——犯罪現場をどう突き止めたのかについての彼の語りは、チャの殺人についての事実を得たいという私の意図をいくぶんこみ入ったものにしたとはいえ——喜んで話してくれたのに安堵したのだ。

一九八三年の最初の公判で、検事はフロリダから三人のサンザの犠牲者を出廷させた。一人の犠牲者は証言で、サンザがどのように彼女の家に侵入し頭に拳銃を突きつけてレイプしたのかを語った。そのあとでサンザは彼女の結婚指輪を盗もうとしたのだ。サンザは初審では有罪判決を受けたが、上訴審はチャの件と証言のあった他の三件の犠牲者とのあいだに充分な類似性が見られないとして、一九八五年にその判決を覆した。覆したおぞましい理由の中には、サンザが、チャに対するひどい暴行と比べてフロリダの女性たちには「礼儀正しかった」というのがあった。一九八七年秋の第二審では、検事のジェフ・シュランジャーがニューヨーク州の法廷制度では認められていなかったポリグラフの結果を持ち込んだので審理無効に終わった。結局一九八七年一二月の三審で、刑事たちは検察側の重要証人を見つけ出してきた。サンザの元のガールフレンドのルーで、サンザがフロリダに逃げる前だが、犯行の翌日にサンザは公衆電話からルーに電話をかけ「しくじって」「誰かを殺しちまった」と告白した……そう証言した。陪審が評決に達するのに一時間もかからなかった。サンザは第一級強姦と第二級殺人で有罪とされた。

チャがその晩映画を観るのに姿を現さなかったときに、親友のスーザン・ウルフ、サンディ・フリッターマン＝ルイスは映画の代わりに、セントマークス書店の真向かいの安いベジタリアンレストランのドージョーで夕食をとった。食べているあいだに二人は、『ディクテ』が書店のアーチ型の窓の中に飾られ、スポットライトを浴びているのを見て、チャにあなたの本は伝説的な書店で特別扱いされてるわよと告げることを考えてわくわくした。彼女らはチャの成功を祝って乾杯した。

私はチェルシーでサンディ・フリッターマン＝ルイスとお茶を飲んだ。彼女は現在はラトガース大学のフェミニスト映画研究の教授である、六〇代の小柄で活発なユダヤ系の女性である。フリッターマン＝ルイスはチャをＵＣバークレーの院生だった頃から知っていていつも彼女の作品に賛嘆の念を抱いていたし、カテゴリーを超えるという点でその作品を映像作家シャンタル・アケルマンの作品になぞらえていた。フリッターマン＝ルイスは起きたことを熱心に語った。「みんなはチャが若くして死んだとだけ言うわね。みんなけっして恐ろしいことには触れないのよ」。

フリッターマン＝ルイスは、最後の公判は傍聴していた。検事のシュランガーが状況証拠二二個を記したチャートを見せて、何もかもがサンザのことを指しているのを明白にしようとしたのを覚えていた。あらゆる証拠の中でも彼女が最も心を乱されたのは擦過痕だった。サンザの小指にチャの結婚指輪がはまっていたのを証言した友人は、サンザの両の前腕にも顔にも擦過痕が至るところにあったとも証言していた。ずいぶん経ってから、フリッターマン＝ルイスは詩のカンファレンスに出席した。そこでは女性の院生がややこしい、うがった主張をした――レイプの犠牲者としての受動性はある種のパフォーマンスアートだというのだ。フリッターマン＝ルイスは質疑のあいだに立ち上がり、その院生にあの擦過痕について話した。

「テレサは受動的ではなかった。やり返したのよ」とフリッターマン＝ルイスは主張したのだ。

フリッターマン＝ルイスが『ディクテ』がセントマークス書店に飾られているのを見つけたことを話してくれたときに、その日のことがぱっと目に浮かんだ。彼女と話すまでは、私はチャのニューヨークを、ぼんやりとした抽象的な都市と想像できるだけだった――照明も届かない鋼鉄に吹きさらしのがらんとした大通りからなるゴッサムシティだったのだ。だけどフリッターマン＝ルイスからディテールを聞くことでニューヨークに息が吹き込まれ、活気づいて私が知っている都市へと変貌した。

私は近くの『ヴィレッジ・ボイス』紙で働いていたし、のちにアスタープレースに移るがセントマークス書店は私にとってイベントとイベントとをつなぐ絆であり、お酒を飲んだり読書会やパーティーに出たり友人とのディナーデートをするあいまに余ったほんの一〇分間をつぶせる書店だった。それはダウンタウンのコスモポリタニズムの灯台《ビーコン》だった。書店が私の二作目の詩集『ダンス ダンス リボルーション』(*Dance Dance Revolution*, 2007) を飾ってくれたときには私は有頂天になった。そのとき私は三〇歳だった。一九八二年に書店が『ディクテ』を飾ったときのチャの年齢より一歳若かった。たぶんあなたも考えてしまうだろうが、若いライターが死んだ年齢を自分に引き比べてみると、いかにはやく彼らの人生が奪い去られたかが納得できる。ただ、私はスタートしたばかりだった！ 何もわかっていなかった！

ほかのこととまるで同じだが、書くのは家業だ。先祖がすでにその職業を家業にしているなら、あなたはその職業に就く資格があるのだ。私をチャに引き合わせてくれたときに、私の先生のキムはチャ＝キム＝私という直接的な文学的つながりを、ささやかとはいえ作ってくれたのだ。チャ、キムの二人は私と歴史を共有していただけでなく、私がそこから成長できる審美眼を与えてくれた。もっとも、しばらくのあいだ、私はチャを抜いたと考えていた。私は、影響を受けている人物として、チャの代わりにジェイムズ・ジョイスやウォーレス・スティーヴンズのようなモダニズムの大家から引用した。チャをあたりまえの存在と見なしていた。さて、チャの死について記すことで、私は私なりにチャにふさわしい敬意を払っている。ただ、一度聴衆の前でこのエッセイの抜粋を読んだときに、こんな質問を受けた。チャだったら自分のレイプ殺人のことを、私が取り入れたきわめて直截的なナラティヴで書いただろうか、というのだ。「ありえません。だけど私は彼女に起きたことを書こうとしているだけです。そうしたら、型どおりの実験的手法では事実を記録するのに邪魔になるのがわかったのね」。

私がもっと若かったなら、そうした意見にあたふたとし、「伝記的なナラティヴは他のどの形態に劣らず人工的なものなのよ」とでも主張したことだろう。そう私が若かったなら——チャの人生こそが、答えを拒んでいる『ディクテ』への解答だとでも言うように——自分が『ディクテ』に伝記的読み方を押しつけていることに苛立っただろう。それがいまじゃ、まるで自分が羽布団になってチャを包み込めるとでも言うように、私自身をチャに押しつけている。彼女のポートレートがかすんでゆくというのなら、私は言葉を差し挟める。「いーえ、少なくともそうならないように私がここにいるのよ！」

韓国はとても小さな国だから、戦争や暴力的蜂起は、出身者の誰の生活をもひっくり返してしまう。チャが避難民としてプサンにいたときに私の父も八歳でプサンに避難していた。米軍の食堂で食べ残しのスパーム缶をあさっていた。チャの兄のジョンが独裁者のイ・スンマンに対する抗議デモに参加しようとして母親と争っていた頃、一〇代の私の母方の伯父も同じデモにいた。心配で病気になった祖父はソウルまで孫を探しに行ったが、兵隊たちがソウルを封鎖したので追い返された。おじは無事だったが、翌日祖父は心臓発作で亡くなった。「走れ、必死に走れ」とチャは自分のことを書いている。先生が兄が抗議デモに加わるのを止めてくれるだろうから、先生を引っ張ってこようと走ったのだ。それで思い出した。祖父が卒倒したときに母は薬剤師を連れてこようと走ったのだ。母がもっと必死に走っていたら、祖父を救えたかもしれない。だけど母が薬剤師を連れて戻ったときには祖父の身体には白いシーツがかけられていた。

私は、チャが幽霊のようにぼんやりしていることに倦んでいるだけかもしれない。そもそもチャが知られているなら、この悲劇的な、傍からは窺い知れない従属的社会集団《サバルタン》の一人物として知られているのだ。どうして誰ももっと早くチャの親戚に接触しなかったのか？　なぜ誰も法廷記録を見なかったのか？　難しいことじゃなかったのに。実際オンラインで容易に読むことができたのだ。だけど私にしても、どうしてもっと早くチャの殺人について探る努力をしなかったのだろう？　チャのことを述べている批評を書きながら、私は「殺人」の前の「レイプ」をいったん入力してから削除したのじゃなかったか？　「レイプ」という語がその批評に焼け焦げをつくって、私のどんな主張をも覆すことになる。そうなったら分析を続けることもできないし、それを踏まえて理解する方法もなくなる。その語を見るか目を背けるかだ――そしてそのときの私は目を背けた。だけど、そうしたのはチャの死が陰惨だったからだけではない。私はときおり犠牲者がアジア人のときにはニュース記事を読まないことがある。誰も関心を払っていないという事実に、私自身が関心を払いたくないからだ。誰も気に留めていないという事実を、自分も気に留めたくないのだ――怒りのなかに取り残されたくはないもの。

グーグルでチャを検索すると、最初に出てくる著者の写真は、チャのヴィデオ『パーミュテーションズ』の中のバーナデッテのスチール写真だ。この写真はしばしばチャ自身のものと混同される。私にはこの写真をチャだと思いたがる気持ちがわかる。ストイックでシンメトリカルな美が感じられるからだ。バーナデッテは、視る者がどんな悲劇的な物語でも好きに移入できる謎めいた様子をし、取り憑かれているように見える。

チャの本物の写真でネットで検索できるのは一枚だけだ。髪を伸ばし、黒いタートルネック、きっちりめのジーンズだ。横顔を見せていて、わざとらしいポーズでバークレーのアパートの窓の外をじっと見ている。曲げた左肘を窓敷居に載せ、右腕の方は腰のところでジーンズのポケットに突っこんでいる。彼女の表情は警戒しているように見える――作家やアーティストには、写真を撮られていると気づくと警戒しているようになる人間が多いのと同じだ。この写真がチャのオフィシャルフォトとして使われているが、ほとんどの読者はチャをイメージしていると思いながらバーナデッテを想像している。この私ですら、友だちが正してくれるまで、バーナデッテの写真をチャだと思っていた。私は狼狽した。アジア人はいつでも他のアジア人と取り違えられるが、私たちが死者に敬意を払うためにできる最低限のことは、彼らを他者とけっして間違えないことだから。

少なくとも生前のチャには、他のアジア人女性と取り違えられることについてユーモアのセンスがあった。"Surplus Novel"という詩を書いているし、後になってその詩を打ち出した紙を短冊状に切って小さな磁器に入れるパフォーマンスもした（一九八〇年）。

呼びかける
後ろから呼びかける
ヘイ、ヨーコ
ヘイ、ヨーコ・オーノ
ヨーコ・オーノ
ヨーコオーノ

わたしは違う
わたしは違うんだってば
あんたのヨーコ・オーノじゃないんだよ

六〇年代終わり頃から八〇年代まで、長い髪のアジア人女性が例外なくヨーコ・オノとしてやじられたりはねつけられたりする時期があった。一四歳のとき私はギター教室に通っていた。父の友人のベビーブーマーが、ギターを抱えてヨーコ・オノにそっくりだねと言った。私は困惑したし（ヨーコ・オノはギターを弾かなかった。彼女の夫がギターを弾いたのだ）、侮辱されたように感じた（ヨーコ・オノは年寄りだった）。それは九〇年代の話で、ビートルズを解散させたドラゴンレディーだという悪名ももう消えていたのだが。

目立たない少女時代から、アジア人女性はフェチの対象になってゆく。目立つようになったら、つまりとうとう欲望の対象になったら、悔しいことに自分へのこうした欲望は倒錯として扱われる。これはポルノで最も明白である。ポルノでは私たちの後ろめたい欲望は。そっけなくもカテゴリー別に分けられてしまう。ポルノでは、白人がデフォルトで他の人種はどれも変態となるのだ。しかし、アジア人女性は、ポルノでもないのに、毎日自分の魅力が変態なものだと思い出させられる。例をあげれば、虫酸の走るようなTinderのメッセージ「初めてのアジア女を試してみたい」から、白人の友人たちからの「マイクロアグレッション」まで幅広いのだ。ある白人の友人が私に指摘したのを覚えているが、ユダヤ人男性は押しの強い母親とは真逆なアジア人女性とだけデートするのよ、と。このとんちんかんな不満の底にあるのは、アジア人女性は従順で言いなりになるという彼女の前提なのだ。

善意の友人たちは必ず警告してくれた。仮に白人男性が私に惹きつけられたとしたら、おそらくその男はアジア人フェチだと。その結果として、私は自分が望まれていることを信じられなくなった。誰かアジア人でない男性が私のことを好きになったら、その人間はおかしいのだと。

バーヌ・カピールは著書『ヴァーティカルインテロゲーションオブストレンジャーズ』[*2]〔Vertical Integration とVertical Interrogation をかけている〕の中でたまたま出会った南アジア人女性たちに質問票に回答してもらった。「あなたのお母さんの苦しみに責任があるのは誰ですか?」といった明白な質問のほかに、「あなたの体型はどうですか?」という質問も加えた。私だって回答するのに窮する――ヒ素のように若い頃から抜けていない醜形恐怖症の影響をさらけ出すことになるもの。勝ち誇ったフェミニストのナラティヴでは、女性は己の身体を取り戻すことになるのだが、私はいまでも自分の身体を用心しいしいよそよそしく眺めている。大きな頭、小柄な体軀――これは中性的でおてんば娘のようでたぶん昔は魅力があった。いまでは私の身体は怠惰からたるんできている。カウチにうつぶせになってスクロールしていると、胸がパソコンラックになってしまう。

チャならどのようにその質問に回答したのだろうか? 彼女はカトリックとして、おまけに韓国人として育ったから、抑圧も二重だっただろう。チャがパフォーマンスをするヴィデオでは、彼女はいつも白を着ている。朝鮮文化では白は死を意味しているが、シャーマンの文化では白は平和を意味する。チャの母親は、チャがおなかのなかにいて八ヶ月になるときにプサンに逃れた。その日は雪が降っていた。ふわふわした大きな白い雪片が降っていて、もふもふしたアンゴラ兎のようだった。それで、チャの母親はまれな平和な瞬間を味わっていた。チャは自分の身体の官能性には、それをぬぐい去ることに対してほどは関心を持たなかった。彼女は殉教する女性に魅せられていた。しかしまた、それを異なった視点で見れば、チャは革命に身を投げ出す女性に魅せられてもいたのだ。

サンディ・フリッターマン＝ルイスに、「チャのレイプ殺人について当時報道がなされなかったのはなぜだとお考えですか」と訊ねると、彼女は即答した。「またアジア人の女かってことね。もしチャがアッパーウエストサイド出身の若い白人アーティストだったら、そこらじゅうのニュースに出ていたでしょうね」。

ニュース・アーカイブを探っても『ヴィレッジ・ボイス』紙の短い死亡記事以外は見つけられなかったときに、私もすぐに同じ結論に達した。けれど、私はこの仮説を声にするのをためらった。アジア人女性の私の発言だと、陰謀論として片づけられるとわかっていたからだ。一九八〇年代にはニューヨークでは犯罪発生率が高かったので、きわめて多くの殺人が報道されぬままだった、そう指摘するのはたやすいことだ。それでもチャの死のニュース報道がなかったのは、検事のジェフ・シュレージャーにとっても異例なことだった。私たちが話した際にわざわざそれを私に述べたほどだったから。

私は、それは犯罪発生率の高さと関わりがありましたか、と訊いてみた。

「ランドマークのパックビルディングで起きたのだから有名になってしかるべきでした。それに、あそこではレイプ殺人は起きなかったものだから――あの当時でさえもね」

「それじゃあ、なぜあそこで起きたのに報道されなかったとお考えですか？」

シュレンジャーは一拍おいて答えた。

「良い質問ですね。実際わからないんですよ」

ジョンが、彼らがどのようにして犯罪現場を突き止めたかを私に説明してくれた。チャが死んですぐに、彼女の母親は続けて彼女の夢を見た。ある夢では、チャは幼い子どもで、彼女を710という数字のところに連れて行った。彼女はその番号をずーっと指さしていたが、母親にはその数字の意味するところがわからなかった。チャの葬儀の日、妹のバーナデッテも777という幻影を見た。チャの母親はよく奇妙な夢を見た。そうした夢のいくつかは『ディクテ』の中で紹介されている。「カリオペ／叙事詩」の章では一八歳の母親は熱病にかかっていて冥界に落ちてゆく夢を見る。冥界では、ペルセポネと同じように、彼女はいく人かの亡霊の提供する食べ物で誘惑されるが、彼女はそれを拒む。『ディクテ』の最後のくだりでチャは、自分を窓のところまで持ち上げる母親の心癒やされる光景を記している。

母さん、わたしを窓まで持ち上げてちょうだい／女の子は自分の視界のはるか上を眺める……わたしを持ち上げてちょうだい／その写真の／イメージのところまで／ずっしりと思い石に結びつけられた綱を解き放ち／はじめに綱の／それから木材の上をぎしぎしときしむ音が／静寂を破る／綱が重さを持ちこたえ木材の上をきしみ出す音に続き／鐘が落下し鳴り渡り／静寂を破り／鐘は落下し空にとどろき鳴りひびく。*3

警察は、チャのなくなった財布、ブーツ、ベレー帽、結婚指輪を求めてパックビルディングを探し回ったが何一つ見つからなかった。一二月になり、殺人から一ヶ月経って、警察のスローペースに業を煮やしたジョン、ジェームズ、リチャードは、自分たちで探そうと決心した。警察の報告では警察犬がポンプ室の近くで「気が触れたように」吠えていた。それで三人はそこから始めた。地下室は、古い機械や錆びた下水管などが詰め込まれた部屋が連なる暗いごみごみとした場所だった。ほんの小さな石のような無くなった指輪を見つけられるとでも言うように、懐中電灯を持った三人は足で埃を払った。710、711、713と印がついていた三本の煉瓦造りの白い円柱につながる階段のところまでやって来た。数字を見てジョンはその場で足をとめた。母親やバーナデッテの夢を思い出しながら、ジョンはこのあたりを探さなきゃと告げた。行き止まりになっている部屋を次々と開けていって、しまいに観音開きのドアがあったのでそれを押し開けた。ジョンの目に入った最初のものは手袋だった。

「手袋は生きているみたいだった」とジョンは私に語った。

私がジョンに明確にお願いしますと言うと、彼は手袋が膨らんでいるように見えたんだよと言った。まるで中に、カップにした手で土を受けるようにした、見えない手が入っているようだったのだ。他にも血で固まったベレー帽やブーツの片割れが見つかった。ジョンはショックを受けていた。警察がやって来てその場所が明かりで煌々となると、手袋は空気が抜けて本体のひらべったい形に戻った。あとになって、その手袋の記憶がずーっと彼にとりつくことになるし、彼に回想記を書かせることになる。「あの手袋は彼女の最後のアート作品だったよ」。

私は、じかに聞いたジョンの話に魅せられた。しかしあとになって、私はジョンのその物語を入れるかどうかという問題に立ち向かうことになる——というのもそれがまたチャを経帷子で覆うことになるからだ。もちろん、ジョンの物語はうまく説明をつけることができた。深い悲しみは目の錯覚を呼ぶし、われわれの感受性を都合の良い方向に向けて、亡くなった愛する者が生きて近くにいると安心させるのだ。もちろん、彼らの意見ではこうなる。チャは彼らをその部屋に導いたのだし、彼女の手のエネルギーはまだ手袋の中にあったし、夢の中にも、『ディクテ』の中にも存在していて、冥界から呼びかけていたのだ、と。もちろん彼らは、チャがまだアートを制作していて、彼女の精神はおぞましい死を乗り越えて生き延びているに違いない……そう確信する必要があったのだ。彼らがチャの手袋を見つけたのと同じ日に、アーティスツスペースはオープニングを迎えたし、手を撮ったチャの写真は死後の展示となった。

一葉の写真がある。一家がソウルに住んでいた頃に五人の子どもたちだけで撮ったものだ。ジョンの回想記ではこう書かれている。

写真の僕は一二歳だね。エリザベスが九歳。君が七歳。ジェームズは四歳。僕の膝の上のバーナデッテは生後一〇〇日を超えたところかな。君は髪を短く切っていたが、韓国の女の子はみんなそうした髪型だった。ただ短く刈っただけでまるで形を整えようとしていないおかっぱ頭だね。君はちょっとしかめ面をしているね。

僕らが成人したあと、何度かその写真を見たものだった。僕は一度君にその日どうして不機嫌だったのと訊ねたことがあった。君は笑って言ったね。「オーマイゴッド。あの髪型。あんな髪型じゃあ兄さんだって不機嫌にならない?」

『パーミュテーションズ』で九分間バーナデッテの頭部を映したあと――正面向いたり後ろ向きにな

ったり目を開けたり閉じたり、いくつかのコマでは髪をうしろにまとめシンプルな丸いスタッドイヤリングだけの片耳が見えている——被写体が変わる。チャは自分の頭部のコマをそっと挿入する。姉のチャのコマが、妹のバーナデッテに戻る前に一瞬だけスクリーンに映るのだ。まばたきしたら「あるアーティストの肖像」を見逃してしまう。私は巻き戻してそのコマでフィルムを止める。同じ長い髪。だけど姉の方が四角い顎の線をしているし、肌もやや落ちるし、鼻もほんの少し広がっている。チャの目ははっきりしていて、警戒しているようだが、悪夢につきまとわれているようにはまるで見えない。

7 負い目のある者

ブルーアワーに娘に授乳していると、青色が増してゆくにつれて街路灯の明かりが薄く灯り、一機の飛行機が空を過《よ》ぎって点滅を繰り返しているのが目に入る。あの中にいたい、白いイヤホンを耳にさしてぼんやりした明かりのキャビンの静けさの中にいたい、ニューヨークのスカイラインが視界から消えかかってやがてその灯りがかすみ草のようになるまで……。

初めて母親になったときには、自分の住む一郭に縛りつけられるようになるんだなと、それが嫌でたまらなかった。一人で旅行にも行けない。そうしたいときに立ち去ることもできない。海も川もないので、私はできるかぎり、抜け出してはレッドフック市営プールに出かける。そこで数回プールを往復するのだが、それというのも水の中は自由だったからだ。私はそのプールについてのエッセイを書こうとした。始まりは、レッドフック公営プールは本当に誰もが利用でき、フットボール場のように巨大で、どんな種類の子どもたちのためのスペースもあり、まったく無料で、日焼け止めクリームもただでディスペンサーから出てくる……。

けれども歴史的には、この公営プールは、人種差別撤廃《デセグリゲーション》の熱い戦いの場だった。アメリカの東海岸では、ロバート・モーゼスのような都市計画者はＷＰＡ（公共事業促進局）のプールを主に白人の住む側につくったので、黒人は利用できなかった。南部の町は、黒人と一緒に使うより誰も使えなくなる方がましだというので、プールにコンクリートを流し込んだ。私は、いまではバスの発着所の駐車場の一部になっている、そうしたコンクリートを流し込んだプールの写真を見たことがある。過去を伝えるたった一つの証は、スイマーがかつて水しぶきをあげていたプールの外周がここにあったのだと理解させる、ぽつんと立っている四フィート半の深さの目標《めじるし》だ。それはいまでは墓標に見えるが。ピッツバーグでは、黒人のスイマーたちが新たに人種統合《インテグレーティド》されたプールに入ったときには、白人スイマーたちが暴徒化して彼らに石を投げ溺れさせようとした。人種差別撤廃が避けられなくなると、白人のアメリカ人は郊外へと逃亡し、そこで自分たちのプライベートプールをつくった。

公営プールは、いかにこの国が黒人と白人の体を離しておきたいと躍起になってきたかというきわめて辛辣な例だから、アジア人の私も、ひょっとしてこの話は私に起こったことを形を変えて語っているのじゃないか、そんな気になってしまう。私の関心は子ども時代のある出来事によって呼び起こされたが、関心があればこそ私は自分の経験を一つの歴史――（たとえば公営プールといった）アメリカのインフラにまで入り込んでいた黒人と白人のアパルトヘイトは別格にしても、挿話過剰に感じられるアジア人の歴史――に加えようとするのがためらわれた。その出来事のあったとき、私は一三歳だった。カレイかヒラメのようにプールの深いところで泳いでいたが息が続かなくなった。浮かび上がると大人の大声で「出て行け！」と叫んでいる。立ち泳ぎをしながら私はその声の主の方を目を細くして見た。逆光の中の男は厳めしい口調でプールは住人専用だと告げた。オレンジ郡の叔母のマンションだった。私は彼に向かって、叔母と小さないとこがそこに住んでいて、いとこはプールの浅い方で私の妹と遊んでいて、私はベビーシッターなのと説明した。彼は私の話すのを遮り私たちが出て行くように命じた。後ろ手にゲートを閉めた私に彼がこう言うのが聞こえた。「いまじゃあいつらはどこにでもいやがる」。

いまじゃ私たちはどこにでもいる。私たちはオレンジ郡を乗っ取ってしまった。オレンジ郡のずいぶんと大金持ちな奥様たちだっている。小説や映画の『クレイジー・リッチ』の大衆受けするオープニングシーンを引き合いに出すとこうなる。あんた方が私たちを差別するなら、私たちはあんた方よりもっと儲けて私たちを入れないあんた方の素晴らしいホテルを買い取ってやる。レイシズムへの返礼としての資本主義だ。だけどそれも白人、白人と言うから私たちがそうなったのではないのか？報復からか負い目からかはともかく、私たちを破壊したシステムなのにそのなかでましになれると言うのなら、そんな私たちは何者なんだろう？

私はこの本を自分自身への挑戦として書き始めた。私はまだ、自分の人種的なアイデンティティについて記すのは「マイナーな」ことであり不要不急なものだという僻みや、人種的なアイデンティティの下で鼓動しているものをこじ開けて見なくちゃいけないんだものという自己弁護にとらわれていた。これは思ったより難しかった――言ってみれば脳を二枚に開いて解剖台に載せて、私の抑制を司る神経をピンセットで抜くようなものだから。そのうえ私は、この私たち（we）というのを相手に苦闘しなければならなかった。彼ら（they）に対抗する一〇〇〇本のトランペットのように、この私たち（we）で一般読者を叩きのめす自信があったらよかったのだけど。実際には私は、東アジア人としての、知的専門職階級としての、シスジェンダーの女としての、無神論者としての、逆張り投資家としての、私の数々の経験の重さが、私の中で一つの人種グループの目盛りを傾けさせるのではと危惧していた。そのグループたるや、特徴的に見られるものは少ないので、私たちのあいだには共有言語があるのかしらとまで私など思っていたのだが。だから私は、触れられたときのかたつむりの触覚のように、一人称複数の we を引っ込めてしまったものだ。

戦争についての父の物語を、ぜんぜん済ませていなかった。通訳が伯父のことを学校時代のクラスメートだったとわかってくれたので、通訳はアメリカ兵の方を向き、聞き慣れぬ言葉で彼らに話しかけた。魔法にかけられたように、GIたちは銃をおろした。父は英語の持つ力に仰天した。祖父を祖父自身の家で撃ち殺そうとしていたのに、大男たちは今度は背嚢をまさぐって、チャームスサワーボールズの丸い青い缶を父にくれた。キャンディーだった。父は、口の中に入れた砂糖で覆われたチェリーやレモンやライムの玉をなめては、香りが口いっぱいに広がるのに啞然とさせられた。

この地球上に住む惨めな者たちは、このキャンディーのことを知っている。銃撃戦のあとにはハーシーチョコがほどこしに貰える。襲撃の前に M&Ms のチョコが配られる。アメリカ兵は戦闘ヘリからダムダムズのキャンディーをばらまくし、アフガニスタンの子どもたちは手をさしのべてヘリのあとを追う。ときにはキャンディーはトリックに使われた。ベトナムでは、退屈した監視兵がキャンディーを有刺鉄線の下の方に置いておく。そうするとストリートキッドたちがそれをおおいそぎで取ろうとして裂傷を負うのが眺められるのだ。もっと新しいところでは、二名の海兵隊員が四人のイラクの子どもたちに菓子を手渡したが、自爆テロリストの待ち伏せで六人ともが死ぬ羽目になった。二〇〇三年にはイラク戦争のあいだに、アメリカ海兵隊員たちはMREs（携行食）についてきたチャームスを投げ捨てた。それが縁起が悪いと思っていたからだ。レモンのチャームスは車輌が壊れることを意味していたし、ラズベリーのチャームスは死を意味していた。チャームスの捨てられたパケットがイラク南部の道路にまかれていたが、誰も手を触れようとしなかった。

けれど、韓国の人びとの心はつかんだのだ。

クレーターのできた土地にキャンディーを撒くと、その包み紙から資本主義とキリスト教が立ちのぼるのだ。詩人のエミリー・ジョンミン・ヨンは母国のことを「私たちの都市はいまでは墓地のように立つ十字架で照り輝く」と詩に記している。[*1]

私は一生を通じて負い目を感じてきた。両親は亡くなった男の子に代わる息子が欲しかったのに、私は娘だったから、生まれつき半端な人間だった。私は、人生でくだした決断の悉《ことごと》くが両親の期待に沿わなかったから、価値は下がる一方だった。負い目があると、用心深くなり、引っ込み思案になり、軽率な発言はしなくなる。自分のものでない選択に束縛される人生だ。ディナーパーティーでちやほやされてもくつろいでいられる男や女は、考えているあいだに遮られることはないと確信しているから、ときにドラマチックに間《ま》をおいたりしながら長い文章を話す。翻って私は、招待されただけでありがたいのだし、遮られる前にひと言口にしようと、圧縮した言葉をほとばしるように話すのだ。

もし負い目をおったアジア人移民が、自分が暮らせるのはアメリカのおかげだと考えるなら、その子どもたちも、生活できるのは苦労している両親のおかげだと考えるようになる。だから負い目を感じるアジア系アメリカ人は、理想的な新自由主義的な人間となる。歴史の重みが私の肩だけに負わされているのを私は認める。両親が被った損失を補償するために稼ぐのは私次第ということも認める。稼ぐためには不満を言わず、労働人口のなかでも自分の能力は優れていることを証明しなければならないのだけど。

負い目があるというのは感謝の念とは少し違う。ロス・ゲイは彼の詩の中で人生のなにほどのこともない瞬間に感謝を献げる。無花果のまろやかな芯を味わうとき、赤く錆びたポンプで汲み上げた水を飲むとき、はては自分のみっともない足にまで感謝する。"Feet"という詩では、裸足になると彼の足は自意識の源になるから「一〇羽の小さなダチョウのようなつま先を砂に[*2]」突っこんで隠してしまう。本当に感謝するというのは、「現在」を明かりのなかに無秩序に投げ出してしまうことなのだ。それこそ幸福だと私は思う。

負い目を感じるというのは「未来」にだけ注意を向けることだ。まるで小さな興奮しやすい愛玩犬を入れたバッグのように、私の膝のうえに幸運が舞い降りたら、私は緊張でこちこちになる。だってこれは誰のものなの？　私のじゃない、絶対に！　私は幸運を贈り物として扱わない、週払いで悪運というかたちで返さなきゃいけない借金として扱うのだ。たしかに私がこうなったのは間違った育てられ方をしたからだ――むりやり感謝するように威嚇されていたんだもの。私のために自分を犠牲にしてくれてありがとう！　お返しに私は自分の人生をあなた方のために犠牲にするね！

私はそうしたことすべてに反抗してきた。その結果私は一番たちの悪い性格になった。私は恩知らずなのだ。この本も恩知らずだ。言い訳になるかもしれないが、負い目を感じているライターはご機嫌取りの物語を書くものだ。つまり、この国に負い目を感じていたらね――一方この私は、これから

も この国に対して恩知らずなのは変わるまい。

私がユリ・コウチヤマ（河内山百合）の有名な写真を初めて見たのはほんの数年前だ。一九六五年二月二一日にマンハッタンのオーデュボン・ボールルームでマルコムXが銃撃された直後に撮られた白黒写真だ。彼は手足を広げて床の上にいる。取り囲んでいるのは彼を救おうとする群衆だ。コウチヤマはマルコムXを介抱する者のなかで唯一顔がしっかり見えている。もっと仔細に眺めると、彼女は、マルコムXの頭を膝のうえに載せている。黒いコートを着て跪いた彼女が二本の手で彼の頭を支えているあいだに、もう一人の女性が彼の銃創をもっとなんとかしようとしてネクタイを緩めているのに気づく。コウチヤマは四〇代に見える。痩せこけた顔にキャッツアイグラスをかけている。このアジア人女性は誰なのか？　この写真にアジア人女性がいるのを見て私はなんで驚いたのか？

コウチヤマは一九二三年、カリフォルニア州サンピドロの中流階級の日系アメリカ人家庭に生まれた。町の白人の住む地区で成長した彼女は、幸福で敬虔なクリスチャンのティーンエイジャーだったし、生活も平穏無事なものだった――一九四一年一二月七日に日本軍が真珠湾を攻撃するまでは。それからすぐに、すでに体調を崩していた父親がスパイ活動の誤った告発を受けて投獄された。そこで彼は五週間抑留され、尋問を受けた。父親は釈放後すぐに病院で息を引き取った。父親は幻覚を起こして、コウチヤマの兄を尋問官と取り違えた。従軍していた彼女の兄は、父親の病床でもアメリカ陸軍の制服を着ていたからだ。病んだ父親はコウチヤマに注意を向けるとパニックを起こして訊ねた。「お前は誰に殴られたのかい？」　だけど誰も彼女に手を触れていなかった。

一家はジェローム収容所に送られた。アーカンソー州の沼沢地に、市民権を持つ持たぬにかかわらず、八五〇〇人の日系人を収容するその強制収容所《コンセントレーションキャンプ》はあった。資産も長年の蓄えも放棄させられ――現在の評価では六〇億ドルとされる――日系人家族は戦争捕虜収容所の居住区域に似せて建てられていたすきま風の入るバラックに押し込められた。各人にわらのマットレス一枚と軍用毛布一枚が支給された。厳しい冬にも暖房はなかったし、屋内トイレもなかった。だから夜トイレに行きたくなったら、屋外トイレまでぬかるみの中をよたよたと歩いてゆかねばならなかった。そうするあいだも監視塔のサーチライトが、行って帰ってくる彼らにずっと向けられていた。それでもなお、抑留されている身でコウチヤマはほとんど妄想に取り憑かれたように陽気だった。自分たちはアメリカの愛国者だと証明するために、入隊した同朋のニセイ兵士たちに手紙を書いて送ろうというキャンペーンを組織したが、そのうちに「死亡《デシーズド》」というスタンプが捺された手紙がどんどん送り返されてくるようになった。コウチヤマの伝記を著したダイアン・フジノによれば、日系アメリカ人兵士はダハウ収容所で三〇〇〇人の生存者を解放するのに力を貸している。彼ら自身の家族がアメリカでまだ有刺鉄線の中に閉じ込められていたことを考えると、まことに皮肉ななりゆきだった。[*3]

解放されてすぐに、コウチヤマはサンピドロに帰った。誰もジャップを雇いたくはなかったので、ウェイトレスの仕事さえどこにも見つからなかった。自分に起きたことを理解し始めたのは、夫と一緒にハーレムに引っ越してからだった。それまではなにものも彼女の愛国心を妨げるものはなかった。いわれなく父親を連れ去って投獄したＦＢＩも、父親の死も、抑留さえも彼女の愛国心を妨げなかったのだ。彼女は白人の教会や学校で学んだ神話――アメリカは自由の国だ――にしがみついた。彼女の信念の「フォルトライン」の向こうには恐怖しかなかったからそうしたのだ。コウチヤマが移り住んだニューヨークでウェイトレスの仕事を得たとき、最初にアメリカのレイシズムの歴史を教えてくれたのは黒人の同僚たちだった。ついにはコウチヤマは、語彙も、歴史的文脈も知るようになった。彼女に起こったことは悪夢のような逸脱ではなく、標準的なことだったのだ。

コウチヤマの楽天主義はまた、彼女を抜群の活動家に変えていた。子どもの頃から彼女は、人びとをまとめる不思議な力を持っていた。黒人の隣人たちや同僚たちと親しくなると、コウチヤマは熱心な公民権活動家になった。のちに彼女は、ある建設会社の人種差別的な雇用形態に抗議するデモでマルコムXに出会った。ファンが殺到していたが、アジア人女性が一人だけうしろの方にいたのを見て、腕を差し伸べて握手をした。彼を驚かせたことに、コウチヤマは、なぜ彼が人種統合論者《インテグレーショニスト》でないのかと抗議した。彼女の積極性にうたれて、マルコムXはコウチヤマを毎週開かれるアフリカ系アメリカ人統一機構（OAAU）の集会に招いた。そこで彼女はいっそう過激になり、反人種主義者だけでなく反資本主義者にもなった。

コウチヤマには、人の役に立とうという強迫衝動があった。頑固に注目の的にならないようにしていた——そのこと自体は称賛すべきことだが、首を傾げさせられもした。つまり、コウチヤマの無私には、アジア人的なもの、女性ならではのものがあったのではないか？　という疑問が私に生じたのだ。そう思ったのは、たぶん私の内なるショーヴィニズムや、私自身のありきたりな好みを、私自身がうっかり見せてしまったからだろう。私は、コウチヤマのような倦むことなく裏方として働くオーガナイザーよりも、メランコリーにひたる詩人や救世主的なヒーローが好きなのだから。実際のところは、それぞれのアイデンティティを壁で仕切ってしまうことができる時代に、コウチヤマの人生を取りあげるのは絶対に必要なことなのだ。彼女の私たち（we）という感覚は浸透しやすく幅広いし、彼女の使命は彼女の声を増幅するだけでなく他者の声をも増幅することにあったからだ。囚人の権利の改革をめざして倦むことなく戦ったし、彼女の自宅は黒人公民権活動家の「グランド・セントラル駅」になった。また彼女は一九七七年にプエルトリコの独立擁護のために自由の女神を占拠した七人の活動家のうちの一人だった。さらに一九八八年には、彼女が主導した一人であった、日系アメリカ人活動家による収容所での抑留への公式な謝罪と賠償の要求が、現実のものとなった。

一九六八年に、UCバークレーの学生たち（ユウジ・イチオカとエマ・ジー）が新しい政治的アイデンティティを前面に出そうとして、「アジア系アメリカ人」（Asian Americans）というタームを考え出した。ブラックパワーの運動と反植民地主義運動によって過激化した学生たちは、自分たちのありのままの姿のために謝罪するのはまっぴらだとしてその語を考案したのだ。現在では、アジア系アメリカ人というタームの源が過激なものだったと想像するのは難しい。なぜなら、いまではその呼称は平板なものとなっているし、焼けつくような政治的なレトリックのかけらも見られないからだ。けれど、そのタームが考案されるまでは何もなかったのだ。アジア人は国籍・民族別にアイデンティティを持つか、オリエンタル（Oriental）と呼ばれていた。活動家のクリス・イイジマはこう述べている。「それ「アジア系アメリカ人」は現在ある姿をというより、信ずるものを示す標識であった」。活動家の中には、ニューヨーク市のアイウォーケン（義和拳）やサンフランシスコ市の紅衛党とグループをなしていたブラックパンサー党に刺激を受けて、腕章やベレー帽などブラックパンサーのサインを徹底して真似る者もいた。一方で独自の一〇項目計画を立ち上げて、貧しい中国系アメリカ人の子どもたちに無料の朝食を配布したりした。

彼らの背景は、フィリピン系、日系、中国系の労働者階級で、出稼ぎ農業労働者やレストランの給仕などさまざまだった。彼らはアメリカ国内のレイシズムだけでなく国外でアメリカ帝国主義とも戦っていた。メインストリームにあった白人の反戦運動に幻滅を感じていた者も多かった。なぜと言って、彼らの関心は「部隊を国に返せ」だけでなく、海外で毎日殺されている何万という東南アジア人にもあったからだ。歴史家のカレン・イシズカはこう記している。「それ以前にもなくそれ以降にもない、レイシズムと帝国主義のよこしまな提携だった――この戦争は、エスニシティはさまざまであっても、外見上はアメリカ人よりも敵に似ていたアメリカのアジア人を結合させた」。研究者のダリル・J・マエダによれば、アジア系アメリカ人の退役軍人の報告するところでは、敵とされているベトナム人がしばしば彼らを同類と見なしているというのに、同じ側のGIたちがグック（アジア人への蔑称。ここではベトナム人への蔑称）と呼んで彼らに屈辱を与えたり人間扱いしなかったりしたという。一九七七年のメルヴィン・エスクエタの戯曲『肥だめ』（*Honey Bucket*）の中では、ベトナム人の老婆がアンディという名のアメリカ人兵士の黒い髪に触れる。彼女は訊ねる。「セイム、セイム・ベトナム人《ベトミー》ね？」

「俺はフィリピノだよ。うん、フィリピン人なんだよ」

「セイム、セイム・ベトナム人《ベトミー》ね」と農婦は確信をもって繰り返す。

カレッジで私は活動よりもアートに関心があったので、私がラディカルの歴史を知ったのはかなり遅くなってからだった。学生時代にそれに触れたのは図書館で、アジア系アメリカ人の社会運動についての色あせた本の列をざっと見てまわったくらいだった。ラディカルの歴史は、誰も借り出すことのない無味乾燥な教科書に埋葬されていた。けれど私は、一九六〇年代、七〇年代の反レイシズム運動が失敗として片づけられた経緯も思い出すことができる。マルクシストは、チカーノ、アジア系アメリカ人、ネイティヴアメリカンの権利を求める戦いを、あまりにも特殊化していて細分化しているので左翼が「階級」という核となる問題を考えられなくなる……として不適切と断じた。一方メインストリームの中道派はそれを過度に戦闘的であるとして退けたが、そうした意見は白人だけでなくマイノリティの側もまた共有していたのだ。

一九九六年に『ニューヨークタイムズ』紙のインタビューで、ユリ・コウチヤマはこう述べている。「人民は暴力に訴え、反乱を起こし、反撃する権利を持ちます。それにアメリカ合衆国と西欧列強が第三世界に対してやってきたことを考えると……そうした国々は反撃すべきです」。インタビューのすぐあとでだが、インタビュアーのノリミツ・オオニシは、コウチヤマは「いまでは過激派グループのものとされる見解に固執している」として彼女の言い分の勢いをそいでしまった。

私はこうした生半可な意見を、宿題もやらずに読んで、受け入れたものだ。ラディカルの政治活動がどんなものであれ、いまじゃ時代遅れだ、と私は思ってしまった。現在の私にとって関心のあるのは次のことだ。私は活動家の先達のしたことを、充分な数の「専門家」なる者がアイデンティティ・ポリティックスの浅薄さについて滔々と弁じるのを聞いたあとで、まことに速やかに退けてしまったのだ――そのときでもコウチヤマのインターナショナルでインターレイシャルな政治はけっして浅薄ではなかったというのにだ。そうした経緯から私は将来への懸念を抱いている。この国の生来の忘れる能力について懸念を抱いている。つねに勝ちを収めナラティヴを乗っ取るのは誰かという権力構造についても懸念を抱いている。すでにもうwokeという語はあざけりの対象となるハッシュタグに堕している。現在、「意識が高い」というのは、一つひとつの新事実を知ることではなく、つねに再評価を重ねることで刺激される長期にわたる関わり合いを指しているだろう。本書の執筆を終えるにあたって私は、いかなる警告を発することができるかと考えてしまう——なにせ、時を見ては世界の終わりを警告するあまたいる専門家たちに伍してだもの。私に言えるのは、コウチヤマのような活動家たちが相互扶助と提携というオルタナティヴ・モデルを提示した、歴史の失われた頁を思い出すことだ。彼らは私たちにとってのオルタナティヴ・モデルを提示してくれたのだから。

思考実験をしてみよう。白人が非白人に向かって大声をあげて「ここに国なり大陸なりが入る」に帰れと言って、必ずその願いが叶えられるとしたら？　取り違えが多発するだろう。エクアドル人がメキシコにいたり、私自身は中国にいたりするかもしれない。でも、仮に白人が正しく理解していて、私がソウルに移されていたら？

私は二〇〇八年からソウルに帰っていない。その年に祖母を訪ねたのだが、一〇〇歳になる祖母はぞっとするような老人ホームで緩慢な死に向かっていた。家族に怒りを覚えることなくそのホームのことは考えられない。ピンクの壁で、日中はずーっと子どもたちの歌う教会音楽がかかっている、最悪のデイケア施設と思えるところだった。一部屋に一〇人も押し込まれている老人たちは、子どもたちが見舞いに来るようにと、ブツブツ言っていた。妹が祖母の面倒を見てそこに一年もいた。ほかの親戚は誰もが、ひどい痴呆症に対処するには年を取り過ぎていた。「トシをとって家族に捨てられる前に死にたいねぇ」と祖母は言い言いしていたものだ。

私はソウルには住めない。女が住むには良いところじゃない。美容整形手術をするたくさんの女が、生まれつきの幅広いモンゴロイドの顔を小さくし、肌も白くして涙のような形の顔に変えている。教育制度は無慈悲なものだ。一九九七年には、韓国の壊滅的な通貨危機に対応するため、ＩＭＦが五八〇億ドルという融資をしたが、それには次のような合意がついていた。海外投資家に市場を開放すること、労働者の雇用と解雇を簡単にして労働市場の柔軟性を増すこと、アメリカ車の輸入促進のために炭素排出基準を緩めること……。現在まで実質賃金は停滞している。失業率は恐ろしい数字である。マカレッジ卒業生が、封建的階級制の抑圧的な王朝を意識して自国を「地獄の朝鮮《ヘル・チョソン》」と呼んでいる。マイクロダストの汚い煙霧がソウルの街に降り注いでいるが、あまりにも細かい埃なので目には見えず喉の奥がいがらっぽくなる代物で、癌のような長期にわたる健康被害を引き起こすであろう。季節によっては、韓国人は外出しなければいけないときにはサージカルマスクをつけるが、それでも保護は十分とは言えない。

だから、あなたはここアメリカに住んでいることに感謝しなきゃ。

テレサ・ハッキョン・チャはこう記している。「民主主義を採用すると称するのに、むしろ彼女［民族］のうちつづく屈折を引き起こす装置を阻止せよ」（『ディクテ』の中の「メルポメネ　悲劇」の章）。西洋の最も有害なレガシーは、われわれの敵が誰であるかを決定する力だった。北朝鮮、南朝鮮のようにわれわれをわれわれ自身の民族に敵対させるだけでなく、私を私自身に敵対させるのだから。

私は二八歳の誕生日パーティーをソウルで開いた。ノイズミュージシャンの新しい四人の友だちもよんで、妹の小さなフラットで祝った。妹と私は裏通りの小さなクラブに彼らのショーを観に行った。舞台では彼らの一人が折りたたみ椅子に座り彼らのラップトップをクリックする。電子機器のブーンという音が、ときおりピーっという音、きいきいいう音、スネアドラムの音を交えて、ステレオから流れ出している。姉の家で、私たちがもう酔っ払ったときに、彼らが飲み会ゲームをしようと言い出し、私が「やったことないゲーム」にしようよと提案した。このゲームでは、参加者が順番に前にやったことのない行為を話すと、誰かそれをしたことがある人間は酒を飲まねばならない。しばしばちょっとばかり当惑させられること（「シャワーを浴びておしっこをしたことないよ」）から入るが、やがて絶壁をくだるようにフランクでセックスがらみの話となる。彼らがこつをつかむまで私は馬鹿馬鹿しい質問から始めようと思ったが、それもミュージシャンの一人で、髪が二〇〇〇年代のヒップスターっぽいマレット・ヘアで耳たぶの中に黒いプラグを入れている、自称フィッシュが僕から始めるよと言うまでだった。彼はソジュのショットグラスを掲げた。

「僕は自殺しようとしたことがない」と彼は言って酒を飲み干した。

ほかのミュージシャンたちはグラスを鳴らして乾杯し、酒を飲み干した。そのあと、話の継ぎ穂を失ってしまい、ゲームオーバーとなった。

私は、「こちら側」（here）と「そちら側」（there）の近さなんぞ嘘っぱちだと言うために朝鮮を取りあげる。あるいはある活動家がよく言っていたように「あなた方がそちら側だから、私はこちら側にいる」なのだ。

　私はこちら側にいる。なぜならあなた方が私の故国を生体解剖して二分したからだ。一九四五年に、この国のことをまるで知らない二名のアメリカ軍の中級士官が手探りで、『ナショナルジオグラフィック』誌の地図を参考にして北朝鮮と南朝鮮の境界線を恣意的に引いたが、この分割は結局数百万の家族を別れ別れにした。そのなかには家族と離れ離れになってしまった私自身の母方の祖母も含まれていた。のちになると解放の旗のもと、アメリカ軍は、第二次世界大戦中に太平洋戦線で用いたすべての爆弾やナパームよりも多い爆弾やナパームを、私たちのちっぽけな国に落としたのだ。朝鮮戦争についてあまり知られていない魅力的な事実は、アメリカ軍の軍医、デヴィッド・ラルフ・ミラードが朝鮮に駐在してやけどの犠牲者を治療したのだが、アジア人の目を西洋風に見せようと二重まぶたの手術を考案したことであり、しまいにはＧＩにとってもっと魅力的になるよう韓国人のセックスワーカーに試した。いまじゃ韓国の女性にとって一番ポピュラーな外科手術となっている。私の父祖の国は、あなた方が吸い上げてきたあまたの人命と資源の小さな例に過ぎない。フィリピン、カンボジア、ホンジュラス、メキシコ、イラク、アフガニスタン、ナイジェリア、エルサルバドル……まだまだいくらもある国から、おおむねアメリカ国内にいるステークホルダーを富ましめてきた永遠に続く戦争と多国籍資本主義を通して吸い上げてきたのだ。感謝について私に語らないで欲しい。

「属していないこと」「仲介者であるという意識」といった移民のおはこのテーマには、私は満足したことがない。まるで自分を発見するのにちゃんとしたＧＰＳ上の位置が必要だというようで、生硬で幼稚に思えたのだ。けれど私は、仮にそれが私たちに告げられた物語から形作られるにせよ、自分のルーツにまつわる神話を探し求めようとする衝動も理解している。それがため私は、ここアメリカで抱く自分の感情を正当化するのに有利な地点をさがそうとして、記憶の中のソウルへと、またほとんどの者にはぼんやりしていてわずかな者だけにクリアな歴史的事実へと、立ち戻り続けるのだ。ソウルでも、やはり私は分裂していたが、その分裂は少なくとも大雑把なアメリカのおはこのテーマに単純化されてはいなかった。少なくともフランツ・ファノンの言葉を用いれば、「コンプレックスのかたまり《アルスナル》」はむき出しになっていたのだ。

アメリカに戻るとすぐに、空気は薄くなった。呼吸も浅くなった。研究者で詩人のチュ・ソヨンの言葉を借りれば、私は不気味の谷《アンキャニーヴァレー》に追放されなおしたのだ。[*4] 不気味の谷では私は、またシリコンの型に戻されたし、一重まぶたの目で眺めるようになった。そうなるとライターであるためには、自分の中に内実がなければならなくなる。自分を——そして代理のアジア系アメリカ人も与《あずか》っているのだが——より人間的に、かつアメリカ文化にもう少しふさわしくすることだ。けれど私にはそれだけじゃ不十分だった。

詩というのは、英語とのあいだに張りつめた関係を結んでいる人間誰にとっても寛容な媒体だ。吃音症の人間が歌を歌わせれば言葉をつつがなく発音できるように、移民は詩を通して言葉を美しく書くことができる。詩人のルイーズ・グリュックは、叙情詩を廃墟と呼んでいる。[*5] 廃墟としての詩は人種的な状況を探索するための最適な形態である。なぜなら私たちの口に出せない損失を、叙情詩のかけらに組み込んだ沈黙を通してとらえることができるからだ。私はそうした沈黙に依存してきた——空白のスペースにしなければ言葉によって矮小化されてしまう悲しみは空白のスペースにしながら――が、たぶん依存しすぎたのだろう。詩人のジョス・チャールズは、「資本のなかで実体があるのは恐ろしい」と詠んでいる。[*6]私は、苦痛には、安易に要約して消費をしてしまうよりも空白のスペースを残しておきたい、とつねづね考えていた。とはいえ、散文に向かうことで私は、「人種的アイデンティティについての私の感情」を解剖しようとしてその沈黙を乱雑に扱っている。もっとも、この人種的アイデンティティについては、私はライターとして、自分の人種的な束縛へと探索の手を伸ばしてしまったという後悔なくして考察することは、いまだにできていない。

私たちそれぞれの人種的な束縛は、私たちに次のような考えを押しつけることで、私たちをお互い孤立させる。すなわち、われわれの闘争はあまりにも分化していて、われわれの集団の内部の人間を除いては誰にも語れない、というものだ。だからこそ、自分を――そして代理のアジア系アメリカ人も与《あずか》っているのだが――より人間的にするだけでは私には不十分なのだ。私はユニヴァーサルなるものを破壊したい。引きちぎりたい。ユニヴァーサルなのは白人性ではなく、私たちの束縛された状態なのだ。なぜって、私たちこそが、世界では多数派なのだから。weによって私は、非白人、かつては植民地化されていた者たちを指している。ネイティヴアメリカンのように、祖先が終末のときを経験した生存者たちがいる。現在終末のときを経験している移民や難民もいる――彼らは、西洋の帝国のもたらした気候変動への報いとしての干ばつや洪水、犯罪組織の暴力を逃れてきている。

ハリウッドでは、白人たちが、未来において奴隷や難民となる白人自身をイメージしてディストピアファンタジーを量産してきた。『ブレードランナー』の続編の『ブレードランナー 2049』(*Blade Runner 2049*, 2017)では、ネオンの広告は日本語と朝鮮語が交互にまたたいている。悪漢どもは、ばらばらにしたキモノを着ている。ネイリストだけは別だが、アジア人は一人として目に入らない。私たちアジア人はとうとう消えてしまったのだ。ライヤー・ゴズリングのように奴隷は全員が美しい白人のレプリカントだ。孤児院は美しい白人の男の子たちでいっぱいで、彼らは捨てられた回路基板を分解している。このシーンは現実のデリーで撮ったものだが、そこではインドの幼児労働者たちが有害な水銀に汚染されながら電子製品の山を分解しているのだ。『ブレードランナー 2049』は「マジカルシンキング」のサイエンスフィクションの好例である。白人は自分たちが黒人や褐色人種に犯した罪が一〇倍になって返ってくるのを恐れている。そこで彼らは、白色人種はけっして転落しないと確認するための予防的な手段として、自分たちの転落をファンタジーにするのだ。

ケン・バーンズとリン・ノヴィックの一八時間に及ぶドキュメンタリー・シリーズ『ベトナム戦争』(*The Vietnam War*, 17. 9.–28. 9. 2017) の中では、小隊を率いていた日系アメリカ人ヴィンセント・H・オカモトがインタビューを受ける。コウチヤマ同様にオカモトも日系人強制収容所に抑留されていた。彼の場合はまだ幼かった。彼の兄弟六人は全員が軍務に就いた。二人は第二次世界大戦で、一人は朝鮮戦争で戦った。オカモトもベトナム戦争に従軍することで、家族の例にならったのだ。

オカモトの受けた最初の命令は、サイゴンから一四マイル離れた田舎に隠れていると思われるヴェトコンの兵士たちの探索だった。何時間もむなしい探索を続けたあと、オカモトは近くの村で昼食をとるよう休憩を命じた。なつかしい白飯の匂いが一軒の小屋から漂ってきた。突然母親の手料理を思ってホームシックにかられた。何ヶ月も米を食べていなかった。オカモトは通訳に、料理をしている老婆に、煙草や缶詰の七面鳥のCレーションと交換で茶碗一杯の米をくれるよう頼ませた。彼女はオカモトのために米と魚と野菜の食事をつくった。彼はむさぼり食った。おかわりもした。「小隊長が連中の食べ物を平らげなくとも、連中は十分貧乏じゃないのかね」と一人の兵士がたしなめた。

「一ダースの人間に食わせるくらい米があったぞ」と彼は応じた。

そこでオカモトは自問した。老婆が一人と孫娘が一人だけなのになんでこんなに米があったのだろうか？　彼は老婆に訊ねた。「この米は誰のためだね？」「知らないよ」と老婆は通訳をとおして繰り返した。オカモトは分隊に向かって老婆の家のまわりの探索を続けるように命じた。藁葺き屋根の下に秘密のトンネルが見つかった。オカモトはそのトンネルに燐光手榴弾を投げ込んだ。爆発のあと、兵士たちは七体か八体の死体を引きずり出した。死体は黒こげになっていたので識別が難しかった。「すごいぞ《アッタボイ》」と中隊長がオカモトに言った。彼に米の飯を出した老婆は、くずおれて声をあげて泣き始めた。

裏切り者、と私は思った。

頭の中でその言葉が鳴り続けた。私はオカモトにむかついた。とりわけ、彼がその話をするときの情のなさにむかついた。だけど私は間違っていた。彼は裏切り者ではなかった。アメリカのために戦っていた。自分の仕事をしていただけだ。実際、このドキュメンタリー・シリーズには何百万もの視聴者がいるとオカモトにもわかっていたのにこの話をすることで、オカモトは自責の念を示していたのだろう。

結局のところ私はこのドキュメンタリーには不満が残った。ディレクターたちはこのシリーズは戦争の両面を見せるのだと言っていたが、それでもアメリカ退役軍人のトラウマに焦点をあてていた。ベトナムの民間人の被った損失は語られなかった。私が死ぬほど知りたかったヴェトコンの女性兵士たちについても語られなかった。一九六〇年代、七〇年代のフェミニストのアジア系アメリカ人活動家たちが、そうした女性兵士たちをレジスタンスのモデルとして称揚していたのを、私は読んでいた。そのシリーズはまた、私もさほど期待していたわけではないが、アメリカ軍を助けた同盟諸国についても多くは触れていなかった。私はとりわけ韓国のことが脳裡にあった。戦争の九年間に三〇万人以上の兵士を展開したのだ。当時韓国は世界でも最貧国の一つであり、経済を上向きにするのに経済援助を渇望していた。韓国民はまた、朝鮮戦争のあいだに共産主義者の敵から自分たちを救い出してくれたことでアメリカに負い目を感じていた。当時の独裁者のパク・チョンヒ（朴正熙）はこう述べた。「われわれは、自由世界への歴史的な負債に対し道義的な返済をしているのだ」。

私は街角のデリで花を買うことから書き始めてもよかったのだ。だけど十分な頁数を与えられたら――二枚、二〇枚、それとも一〇〇枚？――なんであろうと暴力が私の想像力に染みこんでゆく。私は平穏なものに留まる韻文や散文を書こうとしてきた。何事もない日々を――まるで明かりがあたってきらきら輝く磨かれた小石のように綴りながら――時間についての銀の鈴を鳴らすような形而上的な問いかけに変えようとして。いまは晩春だ。私は保育園から娘を連れ帰る。家まで歩いて戻る途中で私たちは、咲いているオニオンの花の完璧な紫色の球体を愛でる。夫がディナーを用意している。ときおりそれをマンションのルーフまで持ってゆくと、地下鉄と、ブラッドオレンジの空が雲に溶け込んでいるのとが見える。

私は日頃のルーチンを書き留める。あまりにもルーチンなので思いをめぐらす自由が与えられる。この人生に私はどんなコストを支払っているのだろうか？　こうした安全を与えられてきたなんて、私はどんな通行料金を支払ってきたのだろうか？　日本による占領、朝鮮戦争、日本人や戦争から学んだやり方を使って反体制活動家を拷問する独裁者たち。私はそのどれ一つとして生き抜いてきたわけではないが、それにもかかわらず私は、回復することのなかった者たち、熟考する時間がなかったし許されもしなかった者たちの子孫である。朝鮮戦争からの回復もままならぬなか、若い韓国の兵士たちは彼らのアメリカへの負債を支払うためにベトナムに到着した。彼らは「田園部を平定する」よう命じられた地上部隊で、民間人を無差別にレイプし殺害した。彼らの懲罰への熱意は偏執的だった。もし兵士の一人がある村で素性のわからぬ狙撃手によって殺されたら、その村に戻って焼き討ちにした。一九六八年韓国の海兵隊がハミ村で、赤ん坊や年寄りも含めた一三五人の民間人を虐殺した。ビンホア村では四三〇人が虐殺された。ビンアン村では民間人犠牲者は一〇〇〇人を超えた。韓国軍の手にかかった民間人死者は八〇〇〇人いたが、戦時中の民間人の死傷者数の例に漏れず、その数字も不正確である。

私は、負い目があるという状態を完全に拒否するわけにはゆかない。私の前に戦った活動家たちに私は負い目を感じる。チャに私は負い目を感じる。世界が自分らに借りがあると考えている白人の同類になるくらいなら、負い目を感じる方がましだ。というのも倫理的な人生を送るというのは、歴史に対して責任があるということだから。私はまた両親にも負い目を感じている。だけど私は、自分の人生を自分だけのものにしておくから、自分のものは手に入れるという私個人の夢を追いかけるのだから、両親に支払いをするわけにはゆかない。ほとんど毎日私の母は私に感謝の念を要求していた。ほとんど毎週、母は自分たちがアメリカにやって来たのは私に苦労をさせないためだったと言っていた。そのあとで母は訊ねてきた。「どうして自分から苦労しているんだい?」

二〇一八年、ブルックリン美術館でのアルナ・デスーザのアートブックの『ホワイトウォーリング』[*7]のお披露目会で、アーティストのロレイン・オグレディは「将来は、白人至上主義には［増殖するのに］もはや白人が必要でなくなる」と、一見五〇年前にジェームズ・ボールドウィンが述べたことを無効にするように見える予測を口にした。ボールドウィンは「白人の太陽は沈んだのだ」と言ったのだ。どちらなのか? どんな予言が適切なのか? アジア系アメリカ人としての私は、ボールドウィンによって励まされたが、オグレディに取り憑かれ、暗示を受けていた。彼女の発言に真実の響きを感じたのだし、その響きゆえにこの本を書き終えるのがいっそう緊急なものとなったのだ。白人たちは、すでにわれわれをジェノサイドの戦争でのジュニアパートナーに取り立てている。われわれを反黒人のカラリストに仕立てている。われわれを、小麦の穂を刈るように移民の仕事を奪う会社の、従業員、はては社長にまで仕立てている。毎日毎日意識もされないうちに、そうした徴用《コンスクリプション》が行われている。そうした徴用は——私たちがほかの生き方を選ぼうと努めないかぎりは——私たちのなかでも相対的な安楽のうちに生きる者たちのあいだでは、デフォルトとなっている生き方なのだ。

ムスリムやトランスジェンダーと思われないかぎり、アジア系アメリカ人は幸いにも厳しい監視のもとにはない。もっとも私たちは、私たちの「条件つきな存在」を特徴づけるもう少しソフトな一望監視施設《パノプティコン》に入っているようなもので、あまりにも監視が微妙なので内面化しているのだ。たとえ私たちがアメリカに四世代にわたって住んでいようが、この国での私たちの身分は条件つきなのだ。貪欲に獲得された物質的な所有物《ビロンギング》にせよ、社会のメインストリームに吸収されて心穏やかに所属《ビロンギング》の意識を得るものにせよ——ビロンギングは約束されたかと思えばなぜか手の届かぬものとなるので、私たちは行儀良く振る舞うのだ。もし、アジア系アメリカ人の意識が解放されねばならないというなら、私たちは自分たちを「条件つきな存在」から解放しなければならない。

だけどこれは何を意味しているのか？　われわれは闘争を生き抜くために苦しまなければならないということか？　たんに自分たちの苦しみを自覚せよということなのか？　私が答えられるのはほかの人間の行動を通してだけだ。いま現在、デジタルアーカイブが歴史を貪るようにして収蔵しているので私たちは記憶する必要がない、そんな時代に私は書いている。行政は、ラテンアメリカの子どもたちを収容するために、第二次世界大戦時に七〇〇名を超える日系人が抑留されたオクラホマ州フォート・シル陸軍基地内の施設を再開する計画を持っている［二〇一九年七月二六日に連邦政府は計画の中止を州知事に伝達した］。日系人抑留者の数少ない生き残りたちは、毎日この再開に抗議の声を上げている。なんであれ日系人強制収容の生き残りの人たちに起きたことについて、私はぼんやりと思いをめぐらしていたものだ。彼らはどうして消えてしまったのか？　彼らはなぜ口を開かなかったのか？　デモに加わって抗議していたトム・イケダ［Denshoの主要創設者の一人］はこう語った。「私たちは、脆弱なコミュニティの側に立つ盟友でなければなりません。日系アメリカ人が一九四二年に持てなかった盟友でなければいけないのです」。

私たちはいつでもこちら側（here）にいたのだ。

謝辞

＊訳者より　本書中に登場する人物についてはどの章かを（　）内に記しました。

エージェントのＰＪマークの寛大さと知性と判断力に感謝します。編集者のヴィクトリー・マツイの共感と厳しさ、そして彼らの指導がなければ表しえなかっただろう自分の脆弱性に立ち向かわせてくれたことに感謝します。有色人種の作家がくつろげる出版社のワンワールド社編集長のクリス・ジャクソンに感謝します。有益な話をうかがえたジョン・チャ（第1章）、プラジータ・シャルマ（第1章）、サンディー・フリッターマン＝ルイス（第6章）に感謝します。

心配りと率直さをもって幾度となくあらためた草稿を見てくれたアダム・シェクターに感謝します。助言、援助、心躍る対話について次の方々に謝意を表します。ミーガン・オローク、ユーラ・ビス、マギー・ネルソン、エヴィー・ショックリー、ネル・フルーデンバーガー、ジータ・シュワルツ、クリス・チエン、クローディア・ランキン（第2章）、ジョー・ウィンター、ジュリー・オリンガー、ケン・チェン、チェルシー・ジョンソン、マリーナ・ウォトルース、トレーシー・サイモン。メンターだったカル・ビージャント、ミョンミ・キム（第5章ほか）。同僚のリゴベルト・ゴンザレス、ブレンダ・ショーネシー、ジョン・キーン、ジェイン・アン・フィリップス。

次の方々にも感謝します。レイシャル・イマジナリー・インスティチュート（ＴＲＩＩ）の企画委員の諸氏、ラトガース大学＝ニューアークＭＦＡプログラムでの学生たち——本書中のアイデアのいくらかはそこで懐胎されました。『ザ・ニュー・リパブリック』誌の編集者諸氏。また、直接お目にかかることはなかったけれど（一度だけという方はいましたが）、そのアイデアが本書に有益であったライターや研究者たち――シアン・ンガイ（第2章）、ローレン・バーラント（第3章）、ダイアン・フジノ（第7章）、ヴィエト・タン・グエン、サラ・アーメド、キャスリン・ボンド・ストックトン（第3章）、ロビン・バーンスタイン（第3章）、グレンダ・カーピオ（第2章）、ジュディス・バトラー、サイディヤ・ハートマン、ロレイン・オグレディー（第7章）。また次にも感謝します。ウィンダム・キャンベル賞、テキサス州マーファにあるランナン基金のレジデンシー・プログラム、マクダウエル・コロニー、デニストン・ヒル。そして、グッゲンハイム基金のフェローシップのおかげで本書を執筆するリソースと時間を与えられました。

いつもそこにいてくれてライターとしての私をサポートしてくれた両親、励ましと優しさを与えてくれた妹ナンシーに感謝します。最後にモーリスに感謝します――彼のサポートと忍耐とユーモアと愛情がなければ本書を著すことはできませんでした。

訳者あとがき

Cathy Park Hong, *Minor Feelings: An Asian American Reckoning*, 2020 の全訳をお届けします。原著は二〇二〇年度の全米批評家協会賞を受賞し、ピューリッツァー賞のファイナリストにもなりました。著者ホンさん自身は『タイム』誌が選ぶ二〇二一年の「世界で最も影響力のある一〇〇人」に選ばれています。ホンさんは、執筆当時はラトガース大学の詩の教授でしたが、現在はＵＣバークレーで教授を務めています。*Dance Dance Revolutioin*, 2006 を含めて三冊の詩集でよく知られていたホンさんにとって、本書が初めての散文での著作となります。個性的な七つのエッセイからなる本書は、メモワールであり、文化批評であり、アメリカの人種に特徴づけら《レイシャライズド》れる意識やアイデンティティの解明であり、朝鮮半島の経てきた、そしてそこからアメリカに渡った移民たちの経てきた苦難の道を辿る歴史書でもあります。内容からしても原著の副題にあるように、朝鮮半島と限定せずに「アジアの」とする方が適切ですが。

訳者は原著の刊行後すぐに、慶應義塾大学出版会の上村和馬さんに翻訳権の取得を勧めました。二〇一七年のタナハシ・コーツの『世界と僕のあいだに』（黒人）、昨二〇二三年のカーラ・コルネホ・ヴィラヴィセンシオの『わたしは、不法移民――ヒスパニックのアメリカ』（ヒスパニック）と合わせて、アメリカのレイシズムについてのトリロジーを形成できればと考えたからです。

本書タイトルの『マイナーな感情』というのは耳慣れない言葉かと思います。この言葉については本書の「2　スタンダップ」の章で詳しく記されていますが、ホンさんの造語です。本書の意義について、クローディア・ランキン（『市民――アメリカの叙事詩』の著者で、本書でも六五頁にそれからの引用が見られます）の賛辞から、抜粋してみます。

ホンは自身が「マイナーな感情」と名づけた新しい思想体系の形成に、鋭い知性、学術的知識、顕著な脆弱性《ヴァルネラビリティ》を持ち込んでいる。シアン・ンガイの『醜い感情』（*Ugly Feelings*, 2005）との対話から、ホンは韓国系アメリカ人女性としての自身の感情生活の海図をつくるが、それによってアジア人の経験の「シングルストーリー」を粉砕するのだ（「シングルストーリー」というキーワードについては、本書の五五頁以降をご覧ください）。

前述のように、訳者は昨年六月に『わたしは、不法移民』を刊行しました。幸い、刊行後の四〇日間で読売、朝日、日経……と次々と書評が載りました。ある書評には「訳者による秀逸な補注があるため、本書を読むのに特段の先行知識は不要だ。本書を読まずして米国の不法移民問題を語るなかれ……」とあり、ありがたく思ったものです。二〇〇九年の翻訳再開から数えてみれば二一冊目の訳書でした。昨年秋に旅先で、四〇年前にスリランカのボラガスケッティヤで負った怪我に近い大きな怪我をしました。それもあって翻訳からは距離を置こうと思っていましたし、そろそろ曽遊の地を回りたいとも願っていました。ところが、今年の混沌としたアメリカ大統領選挙です。一一月五日の本選の前に本訳書を刊行したいというリクエストがあったので、五月半ばから翻訳にとりかかりました。

「素訳」の段階の三三日間は、まことに愉しいものでした。たしかにコーツの『世界と僕のあいだに』と同様に hard to understand と評されることの多い作品で、訳者にとっても手強い英文でしたが、目の前に次々とゆたかな作品世界が展開してゆきます。なお、本書の「4　悪い英語」では、「清浄液のような美徳の言語」の英語に対する強力なアンチテーゼが語られています。

そういえば、ホンさんのインタビューや対談をいくつか読んだり聴いたりしてみました。そのなかの一つ、インタビュアーはテッサリー・ラフォースさんでしたが、ホンさんは次のように述べています。

アジア人は、モデルマイノリティとして、アフリカ系アメリカ人を悪く見せるために使われたり、都合のよいときには、白人に近い存在として称賛されたりします。けれど、たとえばアジア系アメリカ人が抗議の声を上げるのは、彼らがアファーマティブ・アクションに反対しているときだけですが、実際には、アジア人の大多数は賛成なのです。私は、アフリカ系アメリカ人とアジア系アメリカ人、ラティンクスのあいだで、階級、黒人差別、肌の色による差別にかかわる人種間の対立［があること］を問題提起することも重要だと思いますよ。

インタビューや対談におけるホンさんの語り口はサービス精神からか、往々にしてひりひりするような本書の文章――日常的な語に見えてディシプリンに紐付いていたり、詩的効果のためか思いもかけぬ語や比喩が挿入されていたり――とは異なって平易でわかりやすいものです。「モデル［＝アリバイ］マイノリティ」のアジア系アメリカ人については、ホンさんが白人に「アジア人は次の白人になる存在である（Asians are next in line to be white.)」とありがたくも言われるシーンが本書の「1　団結して」の章に出てまいります。それに対するホンさんの反応は「まるで私たちが生産ラインに一列に並ぶ iPad みたいな言い方だ」でした。

翻訳にあたって、朝鮮語や人物については、朝鮮語学が専門の五十嵐《いからし》孔一さん（東京外国語大学教授）から種々ご教示を賜りました。こちらのいくつもの質問に対し、つねにクイックレスポンスを得られましたし、明確な選択肢を提示していただきました。一例ですが、韓国人とアメリカ系韓国人で名前の表記の仕方を分けることにしました、その結果として著者名もキャシー・パーク・ホンとしましたが。恨《ハン》や情《ジョン》についての懇切な説明をはじめ、何につけても心強いバックアップを得られたのは幸運でした。

旧友たちには助けられました。中国語や人物については、聊斎志異研究で名高い八木章好君（慶應義塾大学名誉教授）と夫人の鄭麗媚さんに、いつものことですが遠慮なく質問を重ねました。詩人でありジェラール・ド・ネルヴァル研究者の藤田衆君（名城大学名誉教授）には、とりわけ詩の訳について確認してもらいました。一九八〇年代から九〇年代にかけて毎夏一緒に訪欧していた藤田君とは、レ・フー・コア著『フランスのベトナム人』（原著 Le Huu Khoa, *Les Vietnamiens en France: Insertion et Identité*, 1985）を一緒に翻訳しました。フランスでもわが国でも、「フランスのアジア系」についての初めてのまとまった本だったのではと思いますが、親しい友人の橋昭一君の出版社から原著にない多数の写真頁も加えて一九八九年に刊行することができました。

向井清史君（名古屋市立大学名誉教授）は名古屋大学の院生時代にオーバリン大学に留学し、アジアハウスに滞在していました。サイゴン陥落の日にアジアハウスの中庭でバレーボールをしていたら、窓を開けた学生が「サイゴンがジョン・ウエイン・スタイルで陥落させられたぞ！」と大声で告げた、というエピソードが訳者にはいまでも鮮明に記憶に残っています。本書を読むと、それから二〇年後、政権の座にビル・クリントンが就いていたホンさんの学生時代には、ストレートな「政治」は大学社会では大きなイッシューではなかったようです。向井君には、オーバリン大学が舞台の「5　ある教育」の章の細部の確認を始めとしてお知恵を借りました。金井光太朗君（東京外国語大学名誉教授）は研究者になってからブラウン大学の碩学ゴードン・S・ウッド氏のもとで四年間を過ごしました。二〇一〇年にはウッド氏の初めての邦訳となる『ベンジャミン・フランクリン、アメリカ人になる』（原著 *The Americanization of Benjamin Franklin*, 2004）を一緒に翻訳しました。金井君から得たアメリカの大学社会についての知識を、この章をはじめとして今回の翻訳に役立たせました。

訳者は二〇一四年のティモシー・スナイダー著『赤い大公――ハプスブルク家と東欧の20世紀』以来ウクライナ関連の訳書を二〇二二年のマーシ・ショア著『ウクライナの夜――革命と侵攻の現代史』まで継続して刊行してきました。また、ウクライナ侵攻の二年前でしたが、訳者はある雑誌の二〇二〇年五月号に次のように記しました。〈ＥＵにとっての課題は、一にウクライナ、二に難民、三にブレクジット……それほどロシア（帝国志向）とＥＵ（統合志向）の角逐にはＥＵの存亡がかかっており、ウクライナはその主戦場となっている〉。六〇年前から変わらず幅広い読書家であり、信頼できる情報通の南山利久君は、不眠不休の身の訳者に毎晩のようにウクライナをはじめとした国際情勢について伝えてくれました。また、翻訳をするうえでの迷いについて、聞き上手な南山君には救われました。

濱本幸宏君（元愛知学泉大学教授）とは、本書に出てくるパックビルディングもロサンゼルス暴動の前年のコリアタウンも（そこでアン・ソンギ主演のアメリカの永住権をめぐる韓国映画『ディープ・ブルー・ナイト』（一九八五年）を観て、韓国映画に注目するようになりました）、公民権運動のあとを追ってのセルマやモントゴメリーも、一緒に回ったものです。六〇年前に内山康晶君がJ・D・サリンジャーを訳者に紹介してくれました。メンターだった海保眞夫氏（慶應義塾大学教授在任中に逝去）はジョナサン・スウィフト研究の権威でしたが、『サリンジャーをつかまえて』という訳書を一九九二年に刊行されています（原著は一九八八年。イアン・フレミング著）。訳者はサリンジャーの作品中では『ライ麦畑でつかまえて』には違和感が拭えなかったのですが、今回本書の「3　白人のイノセンスの終焉」を読んでその違和感がほぼ解明されました。

池谷眞一君とは学生時代から読書や映画談義に花を咲かせてきました。翻訳作業のあいだも、池谷君や、こちらも博識でアンテナをほうぼうへ出している甲賀崇司君からの気遣いや情報はありがたいものでした。教え子の小河香織君、日高洋子君らからの陣中見舞いの到来にも慰められました。ツーソン、ヒューストンなど滞米経験の長い吾妻靖子さんには、アジア系アメリカ人のメンタリティについて、生活者としての視点からのお話をうかがいました。吾妻さんのヒューストン滞在期間が、ホンさんのティーンエイジャーの時期をカヴァーしています。池田詩穂には、蔵書の下の方に埋もれた本を探し出すことから始まって、いろいろなかたちで手伝いをさせました。三一歳で亡くなった（レイプ殺人でした）テレサ・ハッキョン・チャを扱った「6　あるアーティストの肖像」を読んで心に響いたのでしょう。チャの独創的なスタイルの著作『ディクテ』を何度も読んでいました。

アジア系アメリカ人は一九六五年改正移民法を分水嶺として二つに分けられます。二〇二〇年のセンサスでは、「アジア系のみまたは組み合わせ」の人口グループはほぼ二四〇〇万人で侮れない数字です。数的には中国系、インド系、フィリピン系、ベトナム系、韓国系、日系と続きます。韓国系についても、韓国系のみに留めるか「韓国系のみまたは組み合わせ」とするか、アメリカ市民権を有する者に限定するかグリーンカード所有者を含めるか……などなどカテゴライズするのが難しいのですが、韓国在外同胞庁は二〇二三年に韓国系アメリカ人を二六一万人超としています。カマラ・ハリス氏はインド系ハーフですし、ニッキー・ヘイリー氏は両親ともシーク教徒です。そうなのです。現在では「アジア系アメリカ人」と普通に使います。しかし、実際には「一九六八年に、UCバークレーの学生たち（ユウジ・イチオカとエマ・ジー）が新しい政治的アイデンティティを前面に出そうとして、「アジア系アメリカ人」（Asian Americans）というタームを考え出した」のです（本書二一八頁）。このあたりについての言及が多い「7　負い目のある者」は終章にあたりますが、若い頃はあれほど「アイデンティタリアン」と呼ばれるのを恐れていたホンさんが、例を挙げればユリ・コウチヤマのような先達の活動家たちへの敬意を率直に吐露しています。

原著刊行の直後にパンデミックが起こり、トランプ登場以降増加していたアジア系へのヘイトクライムがいっそう頻発するようになります（「彼らは「中国人」が「アジア人」の提喩《シネクドキ》であると思っている」（本書二二三頁）。アジア系のエスニシティの違いは一般のアメリカ人の目に入りません）。二〇二一年に拙訳を刊行したティモシー・スナイダーの『アメリカの病――パンデミックが暴く自由と連帯の危機』（原著

Our Malady: Lessons in Liberty from a Hospital Diary, 2020）で詳細に語られていたようなアメリカの国民医療の貧困が背景にあったなかで、短絡的にCOVID-19が中国系、ひいてはアジア系全般へと結びつけられたのです。移民問題やレイシズムはアメリカでもヨーロッパでも分断の大きな要因です。安直に陰謀論やゼノフォビアに身を任せないためには、知ること、感情移入することと、絶えず自覚することが必要かと思えます。

池田年穂

訳者からお断り

原著には注がついていませんし、引用文献・参考文献もありません。また、索引もありません。引用文献については、巻末に訳注として紹介することにしました。訳者としては、引用文献の著者や登場人物の属性――性別や性的指向、人種や国籍、使用言語など――はあった方がと思うこともしばしばだったのですが、煩瑣になることを恐れてなかなか踏み込めませんでした。

なお、本書には、著者の献辞としてFor Meretとあります。ホンさんのひとり娘の名前です。歌や踊りなどの歓びと結びついているエジプト神話の女神メレに由来しているのでしょう。“Brooklyn Poets”のSeptember 15–21, 2014でホンさんは、「二ヶ月前に娘のミーレが生まれてから、私の良い一日という概念は完全に覆されました。良い一日とは、しっかり六時間睡眠がとれる日のこと。朝、彼女に授乳してから、私たちはR&Bの放送局を聴きながらダンスをする（オーケー、彼女が踊っているように彼女の足を動かしてやるだけ）」と答えています。

訳注

1　団結して

＊1　Giorgio Agamben, *Homo sacer: Il potere sovrano e la nuda vita*, 1995 (English translation) *Homo Sacer: Sovereign Power and Bare Life*, 1998.

＊2　W.E.B. Du Bois, *The Souls of Black Folk: Essays and Sketches*, 1903（邦訳、『黒人のたましい』、一九九二年）。

2　スタンダップ

＊1　Sigmund Freud, *Der Witz und seine Beziehung zum Unbewußten*, 1905 (English translation) *Jokes and Their Relation to the Unconscious.*

＊2　David Henry & Joe Henry, *Furious Cool: Richard Pryor and the World That Made Him*, 2013.

＊3　Robert Graves, *On English Poetry: Being An Irregular Approach To The Psychology Of This Art, From Evidence Mainly Subjective*, 1922.

＊4　"La mort de l'auteur," in *Manteia*, No 5, 1968　英訳が先に活字になっている。"The death of the author," in *Aspen Magazine*, No 5-6, 1967.　ここでは花輪光の仏書からの訳文を使用した。

＊5　Glenda R. Carpio, *Laughing Fit to Kill Black Humour in the Fictions of Slavery*, 2008.

＊6　Frantz Fanon, *Peau noire, masques blancs*, 1962. 著者ホンの引用は *Black Skin, White Masks*, Tarnslated by Charles Lam Markman, 1967 から。

3　白人のイノセンスの終焉

＊1　Kathryn Bond Stockton, *The Queer Child, or Growing Up Sideways in the Twentieth Century*, 2009.

＊2　バーラントというよりC・ナディア・セレメタキスの定義であろう。バーラントは、自分の文章中で、ノスタルジーについてのC・ナディア・セレメタキスの主張を引用している。セレメタキスは二つのノスタルジー——アメリカ的ノスタルジーとギリシャ的ノスタルジー——を挙げている。Lauren Berlant, *Big Man*, January 19, 2017, *Social Text online* および C. Nadia Seremetakis, "The Memory of the Senses, Part I: Marks of the Transitory," in *The Senses Still: Perception and Memory as Material Culture in Modernity*, 1994.

＊3　Robin Bernstein, *Racial Innocence: Performing American Childhood from Slavery to Civil Rights*, 2011.

＊4　Charles W. Mills, *The Racial Contract*, 1997　邦訳二〇二二年。

＊5　Jean-Paul Sartre, *L'Être et le néant: Essai d'ontologie phénoménologique*, 1943 (English translation) *Being and Nothingness: An Essay on Phenomenological Ontology*, 1956.　邦訳は複数ある。

＊6　Michael I. Norton & Samuel R. Sommers, "Whites See Racism as a Zero-Sum Game That They Are Now Losing," *Perspectives on Psychological Science* 6 (3), 2011.

＊7　Linda Martín Alcoff, "Signals Crossed: White Double Consciousness and the Role of the Critic."

＊8　José Saramago, *Ensaio sobre a cegueira*, 1995（English translation）*Blindness*, 1997　邦訳二〇〇一年。

＊9　Linda Martín Alcoff, *The Future of Whiteness*, 2015.

4　悪い英語

＊1　Sianne Ngai, *Our Aesthetic Categories: Zany, Cute, Interesting*, 2012.

＊2　Nathaniel Mackey, "Other: From Noun to Verb," *Representations*, No.39, 1932.

＊3 Lewis Hyde, *The Gift: Imagination and the Erotic Life of Property*, 1983.

＊4 著者ホンは掲載誌をそのように記しているが、'There is No Such Thing as Documentary': An Interview with Trinh T. Minh-ha, 01 Nov 2018, Frieze ではないかと思われる。

＊5 José Esteban Muñoz, *Cruising Utopia: The Then and There of Queer Futurity*, 2009.

＊6 Jess Row, *White Flights: Race, Fiction and the American Imagination*, 2019.

5 ある教育

＊1 Young Jean Lee, *Songs of the Dragons Flying to Heaven*, 2006.

6 あるアーティストの肖像

＊1 Hito Steyerl, *In Defense of the Poor Image*, e-flux Journal, November, 2009.

＊2 Bhanu Kapil, *The Vertical Interrogation of Strangers*, 2001.

＊3 テレサ・ハッキョン・チャ著、池内靖子訳『ディクテ——韓国系アメリカ人女性アーティストによる自伝的エクリチュール』、二〇〇三年、一七九頁より引用。

7 負い目のある者

＊1 Emily Jungmin Yoon, *Say Grace* in Poetry, November, 2017.

＊2 Ross Gay, *Feet* in *Catalogue of Unabashed Gratitude*, 2015.

＊3 Diane C. Fujino, *Heartbeat of Struggle: The Revolutionary Life of Yuri Kochiyama*, 2005.

＊4 不気味の谷《アンキャニーヴァレー》という語自体は、ロボット工学者の森政弘に帰せられるが、ソヨンはそれを違った文脈で用いた。

＊5 Louise Glück, *Proofs & Theories: Essays on Poetry*, 1994.

＊6　Jos Charles, *feeld*, 2018 所収。

＊7　Aruna D'Souza, *Whitewalling: Art, Race, & Protest in 3 Acts*, 2018.

［著者］
キャシー・パーク・ホン（Cathy Park Hong）
1976年ロサンゼルス市のコリアタウンで生まれる。詩人。
オーバリン大学でBA。アイオワ・ライターズ・ワークショップでMFA。サラ・ローレンス大学で教鞭をとった後、ラトガース大学教授を経て、現在UCバークレー教授。*Translating Mo'um*（2002年）、*Dance Dance Revolution*（2007年）、*Engine Empire: Poems*（2012年）の3冊の詩集で、ブッシュハート賞、ウィンダム・キャンベル賞などさまざまな賞を受賞。また、フルブライト・スカラシップ、グッゲンハイム・フェローシップなどいくつものフェローシップを得ている。『ザ・ニュー・リパブリック』誌のポエトリー・エディターも務めた。初めての散文作品である本書『マイナーな感情』で全米批評家協会賞を受賞、ピューリッツァー賞ファイナリスト。ホンはTIME誌が選ぶ2021年の「世界で最も影響力のある100人」に選ばれている。

［訳者］
池田年穂（いけだ　としほ）
1950年横浜市に生まれる。慶應義塾大学名誉教授。専門は移民論、移民文学。日系アメリカ人についての訳書も多い。
ティモシー・スナイダー、タナハシ・コーツ、ピーター・ポマランツェフらのわが国への紹介者として知られる。コーツの『世界と僕のあいだに』（2017年）、カーラ・コルネホ・ヴィラヴィセンシオの『わたしは、不法移民――ヒスパニックのアメリカ』（2023年）と本書で、アメリカのレイシズムを扱ったトリロジーとなる。マーシ・ショア『ウクライナの夜――革命と侵攻の現代史』（2022年）、スナイダー『自由なき世界』、コーツ『僕の大統領は黒人だった――バラク・オバマとアメリカの8年』（共に2020年）など幅広い翻訳を続けている。

マイナーな感情
——アジア系アメリカ人のアイデンティティ

2024年10月19日　初版第1刷発行

著　者————キャシー・パーク・ホン
訳　者————池田年穂
発行者————大野友寛
発行所————慶應義塾大学出版会株式会社
〒108-8346　東京都港区三田2-19-30
ＴＥＬ〔編集部〕03-3451-0931
〔営業部〕03-3451-3584〈ご注文〉
〔　〃　〕03-3451-6926
ＦＡＸ〔営業部〕03-3451-3122
振替 00190-8-155497
https://www.keio-up.co.jp/
装丁・イラスト——中尾悠
組　版————株式会社キャップス
印刷・製本————中央精版印刷株式会社
カバー印刷————株式会社太平印刷社

Printed in Japan ISBN978-4-7664-2991-6